일주일 만에

바리스타
이해하기

BARISTA

Preface

우연히 커피와 만나게 되었고, 지난 10년 동안 커피를 즐겁게 내려마시며 다양한 사람들을 만나고 다양한 이벤트에 참여하게 되었습니다.

이 기간 동안 커피를 향한 열정은 시들어질 수도 있었지만, 매년 새로운 맛과 즐거움을 발견하며 커피에 대한 열망이 더욱 강해지고 있습니다.

커피를 바라보는 시각은 다양할 것이지만, 저는 항상 "어떤 커피가 맛있을까?"와 "어떤 커피가 좋을까?"라는 질문을 가지고 커피를 탐구해왔습니다.

커피의 맛있음과 가치는 주관적일 수 있지만, 커피는 변화하고 자연의 선물이며 사람들에게 사색과 소통의 즐거움을 선사하는 매개체임을 깨닫게 되었습니다.

요즘처럼 쉽게 아메리카노 한 잔을 마실 수 있는 시대에도, 커피에 대해 배우고 연구하며 더 나은 커피와 삶을 고민하는 분들에게 이 교재가 조금이나마 도움이 되었으면 합니다.

저는 척박한 환경에서 삶과 커피를 함께 키워온 선배들과 더 나은 세상을 꿈꾸며 살아가는 분들에게 응원과 격려의 말씀을 전하고자 합니다.

감사합니다.

일주일 만에 **바리스타 이해하기**

Contents

커피학개론

❶ 커피의 역사 ···4
  1. 커피의 발견설 ···4
  2. 커피의 어원 ···5
  3. 커피의 음용과 기록 ··6
  4. 커피의 전파 ···7
  5. 커피 문화의 확산 및 각국의 카페 문화 ···············10
  6. 커피가공의 역사 ···16
  7. 커피를 사랑한 사람들 ····································16

❷ 커피 식물학 ··18
  1. 분류 ···18
  2. 재배환경 ···19
  3. 커피나무와 꽃 ···19
  4. 커피콩 ···20
  5. 커피품종 ···21
  6. 커피가공 ···23

생두와 로스팅

❶ 생 두 ···28
  1. 생두의 분류 ···28
  2. 나라별 커피등급 및 평가 ·································32

❷ 로스팅과 향미평가 ···37
  1. 로스팅 공정 ···37
  2. 로스팅 특성 ···39

3. 로스팅 중의 변화 ···················· 41

4. 로스터 ·································· 45

5. 블렌딩 ·································· 47

6. 커피 향미 ······························ 48

7. 향미평가의 실제 ······················ 55

추출

❶ 추출 이론 ·································· 64

1. 추출의 정의 ···························· 64

2. 추출 과정 ····························· 64

3. 추출 방식 ····························· 64

4. 좋은 커피 추출을 위한 조건 ··········· 65

❷ 브루잉의 종류 ······························ 68

1. 브루잉 추출 요소 ······················ 69

2. 원두의 배전 상태에 따른 추출 프로세스 ······· 69

3. 가공법에 따른 맛의 프로세스 ············ 70

4. 입자의 굵기 ··························· 70

5. 원두의 배전 상태에 따른 추출 프로세스 ······· 71

6. 물의 온도와 추출 ······················ 71

❸ 핸드드립 기구 ······························ 72

1. Kalita Dripper ························· 72

2. Hario Dripper ························· 73

3. Melitta Dripper ······················· 74

4. Kono Dripper ························· 74

5. Nel Dripper ·························· 74

6. Clever ······························· 75

❹ 에스프레소 ································ 78

1. 에스프레소의 정의 ···················· 78

2. 에스프레소의 종류 ···················· 79

3. 에스프레소 추출하기 ·················· 80

4. 에스프레소 머신 부분별 명칭 ························· 83

5. 그라인더 부분별 명칭 ······························· 83

6. 기타 사용 도구 ································· 84

7. 에스프레소 추출에 영향을 주는 요인 ················ 85

8. 정상추출 범위 ·································· 85

9. 그라인더 조작과 커피입자 세팅 ···················· 85

10. 용어설명 ····································· 86

CHAPTER 04 **밀크**스티밍

❶ 밀크스티밍의 이해 ···································· 94

1. 밀크스티밍이란? ································· 94

2. 밀크스티밍의 영향요인 ··························· 94

3. 밀크스티밍의 잘못된 예 ·························· 95

❷ 밀크스티밍 과정 ····································· 96

1. 스팀피처에 우유 담기 ···························· 96

2. 스팀노즐의 물 빼주기 ···························· 97

3. 공기주입 및 회전 ······························· 97

4. 스팀노즐 표면 닦아주기 ·························· 98

❸ 라떼아트 ·· 99

1. 라떼아트란? ··································· 99

2. 라떼아트의 3요소 ······························· 99

3. 라떼아트 방법 ································· 100

CHAPTER 05 **메뉴**

❶ 에스프레소 기본 메뉴 ······························ 110

1. 카페 리스트레토 ······························· 110

2. 카페 에스프레소 ······························· 110

3. 카페 룽고 ···································· 111

❷ 에스프레소 베리에이션 메뉴 ························· 111

1. 아메리카노 ··································· 111

2. 카페라떼 ·· 113

3. 카푸치노 ·· 113

4. 카페비엔나 ·· 114

5. 플랫화이트 ·· 115

❸ 커피 칵테일 ··· 116

1. 아이리시커피 ··· 116

2. 화이트 러시안 카페 ·· 116

3. 롱아일랜드 아이스커피 ·· 117

❹ 시그니처 메뉴 ··· 117

1. 시그니처 메뉴란? ·· 117

2. 시그니처 메뉴의 레시피 디자인 ······································ 118

3. 시그니처 메뉴의 비주얼 디자인 ······································ 118

4. 시그니처 메뉴의 종류 ·· 120

CHAPTER 06 바리스타와 카페서비스

❶ 바리스타의 정의 및 역할 ·· 124

❷ 카페서비스 ··· 124

1. 서비스란? ··· 124

2. 카페서비스 ··· 125

❸ 고객응대 ·· 125

1. 고객입점 시 ·· 126

2. 메뉴주문 시 ·· 126

3. 메뉴픽업 시 ·· 126

4. 고객퇴점 시 ·· 127

5. 전화응대 시 ·· 127

❹ 주문과 제공 ·· 128

1. 주문접수 ·· 128

2. 메뉴제공 ·· 129

❺ 컴플레인 응대 ·········· 129
　　1. 컴플레인 응대 3단계 ·········· 130
　　2. 컴플레인의 사례와 대처 ·········· 130

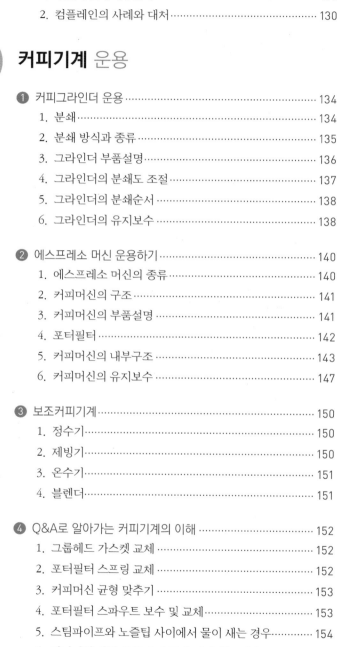

커피기계 운용

❶ 커피그라인더 운용 ·········· 134
　　1. 분쇄 ·········· 134
　　2. 분쇄 방식과 종류 ·········· 135
　　3. 그라인더 부품설명 ·········· 136
　　4. 그라인더의 분쇄도 조절 ·········· 137
　　5. 그라인더의 분쇄순서 ·········· 138
　　6. 그라인더의 유지보수 ·········· 138

❷ 에스프레소 머신 운용하기 ·········· 140
　　1. 에스프레소 머신의 종류 ·········· 140
　　2. 커피머신의 구조 ·········· 141
　　3. 커피머신의 부품설명 ·········· 141
　　4. 포터필터 ·········· 142
　　5. 커피머신의 내부구조 ·········· 143
　　6. 커피머신의 유지보수 ·········· 147

❸ 보조커피기계 ·········· 150
　　1. 정수기 ·········· 150
　　2. 제빙기 ·········· 150
　　3. 온수기 ·········· 151
　　4. 블렌더 ·········· 151

❹ Q&A로 알아가는 커피기계의 이해 ·········· 152
　　1. 그룹헤드 가스켓 교체 ·········· 152
　　2. 포터필터 스프링 교체 ·········· 152
　　3. 커피머신 균형 맞추기 ·········· 153
　　4. 포터필터 스파우트 보수 및 교체 ·········· 153
　　5. 스팀파이프와 노즐팁 사이에서 물이 새는 경우 ·········· 154
　　6. 커피머신 바닥 부분에서 물이 떨어지는 경우 ·········· 155

7. 스팀밸브의 코터핀 파손 교체 ·············· 156

8. 커피머신에서 소음이 발생 시 ·············· 156

9. 커피머신 작동 시에만 소음이 발생하는 경우 ·········· 157

10. 모터펌프의 고장현상 ·············· 158

11. 솔레노이드밸브 이상 및 교체 ·············· 158

CHAPTER 08 **커피매장** 경영이론

❶ 창업인허가 준비 ·············· 162

1. 위생교육수료증 ·············· 163

2. 영업신고증 ·············· 163

3. 사업자등록증 발급 ·············· 163

4. 카드매출 입금통장 개설 ·············· 163

5. 신용카드 가맹점 접수 ·············· 163

6. 인터넷 및 전화 신청 ·············· 164

7. 세무사 지정 ·············· 164

8. 주류카드 발급 ·············· 164

❷ 개점 유형에 따른 필수장비 ·············· 165

1. 로스터리카페 ·············· 165

2. 일반 커피전문점 ·············· 166

3. 커피전문점 ·············· 167

❸ 커피매장운영 ·············· 168

1. 커피 관련 자재/재고 관리하기 ·············· 168

2. 커피매장 영업일지 작성하기 ·············· 172

3. 커피매장 영업현황 분석하기 ·············· 172

4. 커피매장 월정산하기 ·············· 174

5. 커피매장 안전관리하기 ·············· 176

CHAPTER 09 **예상** 문제

예상문제 ·············· 180

IWCA 소개

❶ 2022.3-2022.07 소식 ·· 204

❷ 국내외 후원활동 ··· 208

❸ 해외 지원/후원활동 ··· 209

❹ 2 article summaries ··· 211

❺ IWCA KOREA 기본정보 ······································· 212

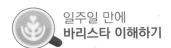
일주일 만에
바리스타 이해하기

CHAPTER

01

커피학개론

1 커피의 역사

1 커피의 발견설

1) 칼디의 전설

6~7C 에티오피아(아비시니아)에서 염소를 치던 목동 칼디가 염소들이 커피 열매를 따 먹고 흥분하여 날뛰는 것을 발견하면서 인류 최초로 커피를 접했다고 전해지는 전설로 칼디가 열매를 먹고 힘이 나고 머리가 맑아지는 것을 경험하고 신기하여 수도승에게 바쳤다고 전해진다.

칼디의 전설

2) 오마르의 전설

13C경(1258년) 이슬람의 종교인이자 병을 고치는 사람이었던 오마르는 모카왕의 딸을 치료하게 되고 공주와 사랑에 빠지게 되었다. 이 사실을 안 왕이 오마르를 사막으로 추방하였다. 배고픔에 허덕이고 있을 때 새 한 마리가 나무 위에 빨간 열매를 먹고 있는 것을 발견하였고 오마르는 작고 빨간 열매를 먹고 힘이 나는 것을 느꼈다는 전설로 이후 약으로 사용했다고 전해진다.

오마르의 전설

3) 마호메트의 전설

이슬람의 창시자 마호메트가 고행으로 인해 동굴에서 앓고 있었는데 가브리엘 천사가 나타나 빨간 열매(커피체리)를 따 먹으라고 알려주어 커피 열매를 먹고 기운을 차렸다는 전설이다. 한동안 커피는 기독교인들에게 이교도의 음료로 배척당하게 된다.

② 커피의 어원

1) 카파

에티오피아와 예멘은 서로가 커피의 원산지라고 주장해왔다. 오래된 원산지 갈등은 2010년 유네스코가 에티오피아 서남부 지역의 카파(Kafa, 힘)를 생물권보전지역으로 선정하면서 공식적으로 카파가 아라비카 커피의 원산지라고 발표하며 일단락되었다. 커피의 어원으로 바로 원산지인 에티오피아 카파의 지명이 지목되곤 한다.

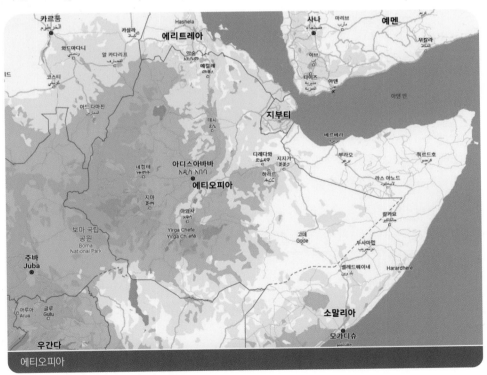

에티오피아

2) 카와

커피는 본래 에티오피아에서 분, 분나라고 불렸고 의학자 라제스의 최초의 기록에는 분첨이라고 소개되어 있다. 또 이슬람 수피파들이 알라와의 접신을 위해 춤을 추는 종교 행위를 할 때 커피를 진하게 끓여서 마셨는데 이 진한 커피를 '기운을 돋우는 것'이란 뜻으로 '카와'(qahwah, kahwa)라 불렀다. '술'이란 의미도 지닌 아랍어 카와에서 커피의 이름이 유래했으며 훗날 터키어 kahve를 거쳐 cafe와 coffee 등으로 변화되었다는 주장이 있다.

　※ qahwah는 고대 아랍어로 wine

③ 커피의 음용과 기록

커피의 원산지에 대해서 오랫동안 에티오피아와 예멘의 분쟁이 있어 왔고 에티오피아 내에서도 어느 지역이 원산지인지에 대한 의견이 분분했었다. 2010년 이후 에티오피아의 서남부 카파가 원산지라고 인정받게 되었고 봉가라는 지역에는 에티오피아 국립 커피 박물관이 지어져 커피원산지로서의 자부심을 드러내고 있다.

커피 세리머니

커피는 에티오피아에 자생하던 나무였고 역사적인 기록이 있기 전부터 커피체리를 절구에 빻아 동물의 지방과 함께 에너지바처럼 뭉쳐 먼 길을 가거나 전투나 사냥을 할 때 비상용 식량이나 약으로 휴대하며 음용하였고 커피나무의 잎으로 차로 끓여서 마시기도 했다. 손님이 오면 커피를 바로 볶아서 커피를 끓여 대접하는 커피 세리머니는 에티오피아를 여행하는 사람들이 꼭 경험해보는 에티오피아 민속체험이 되었다.

종교인들은 수련을 하거나 밤에 기도를 할 때 먹는 신비한 열매로 음용하게 되었는데 커피를 아주 곱게 갈아 체즈베에 끓여 마시면서 기도를 했다고 한다. 가장 진귀한 것들은 종교인이나 왕족처럼 특정 계층에서 향유하였던 시대였기에 커피에 대한 일반인들의 접근과 국외로 종자를 반출하는 것이 쉽지 않았다.

❶ 라제스의 〈의학집성〉

커피에 대한 가장 오래된 기록은 아라비아의 의사 라제스
(Rhazes, 850~922)가 10세기에 쓴 의학백과서 〈의학집성〉에 커피
는 Bun(분), 추출액은 Bunchum(분캄 혹은 분첨)이라는 기록과 함
께 의학적으로 사용했다고 기술되어 있다. "예로부터 아프리카
에 자생하던 나무인 분의 씨앗을 갈아서 끓여 만든 보릿짚 색
깔의 황갈색 액체(분캄, buncam)가 위장에 뛰어난 효능이 있다."

❷ 아비센나 〈의학법전〉, 1020년

❸ 압달 카디르 이븐 모하메드, 1587년

❹ 하인리히 에두아르트 야콥 〈커피의 역사〉, 1935년

시라바딘의 글을 토대로 집필했다고 기록했다. 시라바딘과 오스만투르크의 라로크의
글은 기록상의 문헌으로 현재는 전해지지 않는다.

④ 커피의 전파

1) 에티오피아

커피가 자생하던 원산지로 아비시니아로 불렸고 예가체프, 시다모, 짐마, 리무 등 다양
한 커피 산지와 헤아릴 수 없을 정도로 다양한 자생 토착커피 품종들이 있는 나라이다.

2) 예멘

예멘 지도

커피의 원산지 에티오피아와 홍해를 사이에
두고 있는 나라 예멘은 최초로 커피가 전파되어
최초로 경작된 나라이다. 예멘의 모카항(알마카
항) 주변에서 생산된 커피에서 초콜릿 향미가 진
하게 올라와 모카커피라고 불렸고 현재도 예멘
모카 마타리, 예멘 모카 사나니 등으로 불린다.

3) 터키(튀르키예)

1400년경 오스만트루크(터키)가 모카커피의 고장이자 아라비아 커피문화의 성지인 예멘을 침략하면서 커피가 터키로 전파된다. 이후 커피를 끓여 우려낸 터키식 커피가 탄생하게 되었고 1475년 이스탄불에 키바 한(kiva Han)이라는 커피 상점이 생길 정도로 사랑받았다. 이때 터키에서는 계핏가루나 헤이즐넛을 첨가하여 끓인 커피 메뉴도 있었다.

터키 지도

1463년부터 오스만트루크 제국의 황제 메흐메트 2세의 세력 확장으로 베네치아(베니스)와 계속 충돌하다가 1470년 네그로폰테 전쟁을 치르게 되는데 이때 오스만트루크가 승리하게 된다. 1500~1600년대 계속된 오스만트루크의 전성기에는 오스트리아를

터키 커피 하우스

공격하며 여러 차례 전쟁을 치르기도 했는데 이 전쟁으로 인해 오스만트루크, 현 터키는 본의 아니게 커피를 전파하는 역할을 하게 된다.

4) 베니스

아라비아에서 유럽으로 최초로 커피가 전파된 도시는 이탈리아의 베니스이다. 베니스는 동로마제국과 카이로를 하나의 무역상권으로 묶어 교역하던 최고의 상인집단으로 1000여 년 동안 어떤 왕이나 교황에게 머리를 조아리지 않을 정도로 막강한 부와 권력을 자랑했다.

카이로, 이스탄불, 예멘 등에서 커피 문화를 접하고 유럽으로 들여오게 되는데 베니스의 산마르코 광장의 카페 플로리안(1720년)은 유럽 최초의 커피 하우스가 된다.

5) 인도

인도의 이슬람 순례자 바바부단(Baba Budan)은 1600년경 메카(Mecca)에서 종자 7개를 밀반출해 인도 남부 마이소어(Mysore) 지역에 커피를 옮겨 심는 데 성공하며 아시아 커피 재배의 시작을 열었고 이는 현재 인도 아라비카 커피의 뿌리가 되었다.

6) 마르티니크

가브리엘마씨외 드 끌리외는 서인도제도에 커피를 처음 전파한 프랑스 장교로 프랑스 왕립 식물원에서 커피 묘목을 훔쳐서 90여 일의 항해 동안 해적, 폭풍, 식수부족의 어려움을 겪으면서도 마르티니크섬에 커피를 심었다. ※ **카리브해, 중남미 커피 전파**

7) 브라질

외모가 준수했던 프란치스코드 멜로 팔헤타는 프랑스령이었던 기아나(Guiana)에서 프랑스장교 부인에게 커피부케를 선물 받아 브라질에 처음으로 커피종자를 들여옴으로써 브라질이 최대 커피 생산국이 되는 계기를 만든 인물이다.

8) 네덜란드

17세기 초 예멘 모카에서 본국으로 커피를 가져온 네덜란드는 1658년 유럽국가 중 가장 먼저 자신들의 식민지인 실론섬에서 커피나무를 이식해 경작하였고 녹병으로 생산에 실패하자 1699년 자바로 옮겨 재배에 성공하게 된다. 네덜란드는 인도네시아에서 커피를 재배하여 대규모 커피경작의 역사를 연 나라이며 동인도회사를 통해

인도네시아 지도

커피무역을 시작했던 나라이기도 하다. 훗날 영국에 패권을 빼앗기기 전까지 전세계 커피 무역의 절반 이상을 담당했다. 1706년 커피나무와 씨앗이 본국 암스테르담 식물원에

서 재배되며 1714년 프랑스 루이 14세
에게 선물하는 등 커피 재배와 문화
확산에 큰 기여를 하였다. 현재 인도
네시아 커피는 세계적인 기업 스타벅
스의 블렌딩에 사용되는 등 독특한
향미로 세계인의 사랑을 받는 커피가
되었다.

동인도회사

⑤ 커피 문화의 확산 및 각국의 카페 문화

1) 사우디아라비아 메카 12세기 커피하우스 오픈

체즈베, 이브릭을 사용한 진하며 가
루가 그대로 컵에 있는 형태의 커피를
즐겼고 종교인, 남자, 귀족 등 높은 계
층의 사람들을 중심으로 향유된 고급
문화로 내부에 분수대가 있을 정도로
큰 규모의 커피하우스들이 운영되었
다. 하루 일과 중 낮 시간에는 커피하
우스에 앉아 커피를 마시는 문화가 생
겼다.

체즈베

2) 영국

1650년 영국 최초의 커피하우스 옥스퍼드 카페가 '야콥(Jacob)'에 의해 오픈되었고
1652년 런던 최초의 커피하우스 더 자메이카 와인 하우스가 '파스콰 로제'에 의해 오픈
되었다. 1700년까지 2,000개가 넘는 커피점들이 대학가, 항구 근처에 생겨나게 되었다.
커피하우스들은 선박보험회사들의 계약장소로 쓰이거나 문인, 예술가 등의 작업장소 및
토론장소로 사랑받게 되면서 1페니 대학이라는 말이 생겨났다.

1688년에 에드워드 로이드가 런던 테임즈강변에 자신의 이름으로 커피하우스를 오픈하고 이는 후에 로이드 보험회사로 성장해 오늘날의 금융기관의 토대가 되기도 한다.

커피하우스가 유행하며 남성 고객들의 사교모임의 공간이 되기도 하면서 커피하우스 때문에 가정을 소홀히 하거나 집에 오지 않는다며 부인들이 '커피에 반대하는 여성들의 탄원서'를 찰스 2세에게 올린다.

- 1675년 찰스 2세는 선동의 장소 커피하우스를 단속하겠다고 칙령을 발표하였지만 커피상인들의 반발로 철회
- 1771년 영국에서 물에 녹는 인스턴트 커피가 처음 제조되었으나 인기가 없어 이내 사라짐

PLATE 1—COFFEE-HOUSE KEEPERS' TOKENS OF THE 17TH CENTURY
Drawn for this work from the originals in the British Museum, and in the Beaufoy collection at the Guildhall Museum

영국 코인

FIRST ADVERTISEMENT FOR COFFEE—1652
Handbill used by Pasqua Rosée, who opened the first coffee house in London
From the original in the British Museum

부인들이 제출했던 탄원서

3) 비엔나

 블루보틀의 시초

- 1683년 게오르그 프란트 콜쉬츠키는 오스트리아의 정보원으로 터키군에 잠입해 정보수집 임무를 맡고 있었다. 터키인들이 끓여 마시던 커피와 커피원두를 눈여겨 보게 되고 터키군이 퇴진한 후에 남겨놓고 간 원두 자루를 받게 된다. 이후 폴란드-

합스부르크 연합군이 비엔나를 공격하려 한다는 소식을 듣고 위험을 무릅쓰고 비엔나 진영으로 잠입하여 이 소식을 전하였고 커피를 군인들에게 제공했다. 비엔나가 승리하게 되고 콜쉬츠키는 공로를 인정받아 비엔나에 최초의 커피하우스를 개점하는 권리를 얻게 된다. 이때 오픈했던 블

게오르그 콜쉬츠키

루보틀에서 콜쉬츠키는 터키식 복장을 하고 크림과 우유를 섞은 커피를 직접 서브했고 반달모양의 크로아상을 함께 제공했다고 전해진다. 이때 크림을 넣은 커피가 지금의 아인슈페너 메뉴이다.

- 1685년 요한네스 디오다토 파르크
- 1700년까지 4개의 커피하우스, 1800년대 들어서 약 90개, 1900년대 들어서 약 600개로 증가

4) 이탈리아

- 클레멘트 8세(1592~1605년)가 이교도 음료였던 커피에 세례를 주어 기독교 음료로 선언
- 1615년 베니스 상인들에 의해 커피가 들어옴
- 1645년 베니스에 처음으로 카페가 생김
- 1720년 산마르코 광장에 '플로리안'이란 카페 오픈
- 1901년 루이지 베제라(Luigi Bezzera) 에스프레소 기계를 최초로 발명(밀라노 기계회사 오너, 커피타임 줄이려)
- 파보니: 에스프레소 기계 생산
- 커피 문화가 급속도로 확산된 17~19세기에는 프랑스의 계몽운동과 이탈리아 르네상스 운동이 싹튼 시기로 커피하우스는 사회 여론을 모으고 토론하는 장소 역할을 함
- 카페 소스페소
- 카푸치노

5) 프랑스

- 네덜란드 암스테르담 시장이 루이 14세에게 커피나무 선물
- 1671년 프랑스 최초의 커피하우스 마르세유에 오픈
- 1672년 프로코피오 콜텔리가 파리의 유명한 커피하우스 '프로코프' 오픈
- 1884년 레두마고 오픈, 카페가 되기 전에는 중국 비단을 파는 가게였음
- 볼테르, 발자크, 루소, 빅토르 휴고, 샤르트르, 피카소, 헤밍웨이, 나폴레옹 등 예술, 문화 발달에 기여한 담론문화가 커피하우스에서 발달
- 나폴레옹의 대륙봉쇄령
- 1960년대 20만 개 커피하우스
- 카페오레

6) 미국

- 1691년 미국 최초의 커피하우스 거트리지 커피하우스가 보스턴에 오픈
- 더 킹스 암스(the King's Arms): 1696년 미국 뉴욕 최초의 커피하우스
- 1737년 머천트 커피 하우스 오픈
- 1773년 보스턴 차 사건으로 독립운동 시작
- 1892년 조엘 칙이라는 식료품 도매회사 외판원이 8년 동안 로스팅하며 연구해 블렌딩 커피를 창안한다. 이 커피를 테네시 주에 맥스웰하우스 호텔 커피숍에 납품하며 맥스웰하우스라는 브랜드로 커피를 생산
- 1971년 시애틀에 스타벅스 커피, 티 앤 스파이스 개점
- 커피메이커(1954년 독일 Wigomat), 아메리카노

7) 일본

- 1782년 나가사키 〈만국관규〉 속 커피나무 언급
- 메이지유신(1868년) 이후에 설탕을 넣어서 마시기 시작
- 터키에서 커피를 접한 일본 왕족
- 태평양 전쟁 이후 미국 문화의 영향으로 생두 수입, 커피하우스가 늘어난다. 사이

편, 멜리타, 고노, 칼리타 등의 핸드드립 추출도구들을 고안해 커피문화 확산에 기여한다.

- 1877년 커피를 정식으로 수입하기 시작
- 1878년 고베 코호도 코히, 1888년 도쿄 카히 다관
- 1909년 일본 1세대 브라질 이민자 미즈노류가 카페 폴리스타 오픈(세계 최초 프랜차이즈 카페)
- 2차 세계대전 이후 1930년대 Key coffee, UCC 등이 설립
- 1953년 전일본커피협회 설립
- 1956년 인스턴트 커피 일본에 등장, 1960년 네스카페 수입, 1961년 수입 자유화
- 1965년 미라커피라는 세계 최초의 캔커피
- 1969년 UCC가 세계 최초의 캔커피 → 1970년 오사카 만국박람회에서 폭발적으로 판매

8) 우리나라

- 1895년 아관파천 러시아 공사에 의해 고종 황제가 처음 접했다고 알려져 있지만 윤치오, 유길준 등 서구의 문호개방 및 미국, 청나라, 일본 유학파 지식인들, 천주교 사대부들 사이에 커피문화가 조금씩 유행했다.

정관헌

- 1884년 의료 선교사 알렌이 경복궁에서 커피를 마셨다는 기록이 있다.
- 1897년 3월 20일자 독립신문 커피 광고도 나왔고, 1899년 다과점을 오픈하고 커피와 코코아를 판매한다는 광고도 나올 정도로 이미 확산되어 있었다.
- 고종은 정관헌이라는 우리나라 최초의 로마네스크풍의 건물을 지어 커피를 즐겼고 커피 마니아여서 커피에 독극물을 타서 암살하려고 했던 사건도 있었으나 향을 맡고 이상함을 느낀 고종이 마시지 않았다는 일화도 있다.

- 당시에 커피를 양탕국이라고 불렀으며, 한일병합조약이 이루어진 뒤 궁중에서 커피를 끓이던 상궁들이 나와 전통차와 함께 양탕국을 팔면서 초기 다방문화가 형성
- 1902년 손탁호텔(정동구락부) 한국 최초의 커피하우스로 운영
- 1909년 남대문역 근처 기사텐이라는 다방을 일본인이 오픈
- 1927년 인사동에 영화감독 이경손이 카카듀라는 한국 최초의 다방을 오픈
- 1933~1935년까지 작가 이상(1910~1937)은 종로 1가에 제비다방을 열었다. 극작가 유치진은 소공동에 프라타나를 오픈, 영화배우 복혜숙은 인사동에 비너스를 오픈

손탁호텔

- 1945년 해방이 되면서 1950년 6.25 때 미군에 의해 인스턴트 커피가 한국에 소개되고 학림다방(1956년), 미네르바(1975년), 독수리다방(1971년), 브람스(1985년) 등 대학가 근처에 커피하우스들이 오픈되고 지성인들 사이에서 민주화운동과 예술가, 문인들의 작업공간 등으로 커피문화가 이어졌다.
- 1968년 춘천에 에티오피아 참전 군인들의 기념관과 원두커피 전문 카페를 오픈
- 1975년 명동에 카페 까뮤 오픈
- 1976년 동서식품이 세계최초로 커피믹스 개발
- 1977년 자판기 보급
- 1987년 원두수입이 가능해지면서 커피 시장 확대
- 1988년 자뎅이라는 원두커피점 오픈
- 1999년 이화여대에 스타벅스 1호점 오픈하면서 프랜차이즈 시작
- 2008년 카페베네를 시작으로 전국에 커피 프랜차이즈가 폭발적으로 늘어남

6 커피가공의 역사

- 1865년 미국의 아버클브라더스란 회사가 커피콩을 볶아 종이봉투에 넣어 판매, 그 후에도 인스턴트 커피를 상품으로 완성함
- 19세기 말 스코틀랜드에서 액상진액(essence)을 이용한 인스턴트 커피인 솔루블커피 개발
- 1901년 가토 사토리라는 일본계 미국인 화학자가 인스턴트 커피를 최초로 발명
- 1910년 뉴욕에서 조지워싱턴의 리파인드 커피라는 인스턴트 커피를 상품화하고 1918년 1차 세계대전 중미 육군 병사용 식량으로 납품되면서 유명세를 탔다.
- 1937년 네슬레사가 분무건조(spray drying) 방식으로 인스턴트 커피 개발
- 1938년 네스카페라는 상품 개발하여 인스턴트 커피의 대명사가 됨
- 아킬레 가지아: 1946년 현대식 에스프레소 머신과 동일한 방식의 추출기 개발
- 1952년 말 무렵 인스턴트 커피는 미국 전체 커피 소비에서 17%를 차지
- 1965년 동결건조법(freeze drying) 개발
- 1970년 동서식품이 미국의 제너럴푸드와 기술 제휴를 맺고 맥스웰 하우스라는 커피를 생산
- 1976년 커피믹스 개발
- 1997년 매일유업이 RTD(Ready to Drink) 액상커피 제품을 출시

7 커피를 사랑한 사람들

1) 발자크

'인간희극' 등의 대작을 남긴 작가, 매일 12시간 동안 약 80잔의 커피를 마시면서 글을 썼다.

2) 탈레랑

커피는 악마와 같이 검고 지옥과 같이 뜨겁고 천사와 같이 순수하고 키스처럼 달콤하다.

발자크

3) 바흐

'카페 칸타타' 작곡, '맛있는 커피는 천 번의 키스보다 황홀하고 무스카텔 포도주보다 달콤하다'라는 가사에서 커피가 당시 사람들에게 얼마나 사랑받았는지 알 수 있다.

바흐

4) 베토벤

베토벤의 친구인 안톤 쉰들러의 〈내가 아는 베토벤〉에는 '그의 가장 큰 집착은 커피였다. 베토벤은 커피를 신성시했다. 매일 아침 식사에 커피 한 잔을 곁들였다.

커피는 직접 만들었다'는 이야기와 함께 베토벤이 원두를 손으로 골라서 정확히 60알씩 사용했고 유리로 된 커피 추출기(퍼콜레이터)로 직접 커피를 만들어 마셨다고 묘사한다.

베토벤

퍼콜레이터

람자우어

레되 마고

드 플로르

카페 르 프로코프

② 커피 식물학

① 분류

계	문	강	목	과
식물 (plantae)	속씨식물 (angiospermae)	쌍떡잎식물 (eudicots)	용담 (gentianales)	꼭두서닛과 (rubiaceae)
Family(과)	**Genus(속)**	**Sub-Genus(아속)**	**Species(종)**	**Variety(품종)**
꼭두서닛과 (rubiaceae)	코페아 (coffea)	eucoffea	Arabica(70%)	Typica
			Canephora	Robusta(30%)
			Liberica	Liberica(2~3%)

꼭두서닛과 코페아 속에 속하는 다년생 쌍떡잎 식물
인 커피나무는 에티오피아 아비시니아 고원에서 자생하
던 식물로 1년 내내 푸르른 상록 교목이다.

1753년 스웨덴의 식물학자 린네가 커피를 60여 종으
로 분류하였고 우리에게 잘 알려진 커피의 3대 품종은
아라비카, 카네포라, 리베리카이다.

각 품종별 여러 개의 하위 품종으로 나뉘는데 아라비
카의 경우 100여 종이 넘는 하위 품종이 존재한다.

린네

커피나무

커피 박물관

2 재배환경

미네랄이 풍부하고 배수가 잘되는 화산재 토양에서 잘 자라고 환경에 따라 10m 이상 자라는 큰 나무이다. 아라비카의 경우 800~2,000m 이상의 고지대에서 재배 가능하며 열대 및 아열대 기후에서 자라는데 연평균 기온이 15-24도, 연평균 강수량이 1,500~3,000mm의 생육 조건을 갖고 있다.

커피 산지

세계지도를 펼쳐놓고 커피 생산지를 살펴보면 모두 적도를 기준으로 북/남위 25°C도의 지역에서 재배되고 있다는 것을 알 수 있는데 이 지역들을 커피나무가 자라기에 최적의 환경이라 하여 커피존 또는 커피벨트라고도 부른다.

3 커피나무와 꽃

길쭉한 타원형 모양의 커피나무 잎은 최대 20cm까지 자라며 윗면이 반질반질하고 광택이 난다. 나무의 가지는 6~10단계로 발달하고 2년이 지나면 1.5~2m까지 자란다.

커피나무의 꽃은 재스민 향이 나고 흰색으로 아라비카는 꽃잎이 5장, 로부스타는 5~7장이다. 일주일 미만으로 개화하는데 흰 꽃이 피고 진 후 초록 열매를 맺는다. 열매는 익으면서 점점 붉어진다.

여러 날에 걸쳐서 익으므로 7~14일 간격으로 수확하게 되는데 커피나무의 열매를 체리 혹은 커피체리라고 부른다. 체리는 동시에 익지 않아 산지에 따라 1년에 6~8번 정도 수확한다. 케냐와 콜롬비아처럼 우기와 건기가 뚜렷하지 않은 곳에서는 1년에 2번 수확이 가능하고, 1년 내내 비가 내리는 적도 부근은 1년 내내 수확이 가능하다. 최근 커피 산지는 기상이변과 환경변화로 수확시기와 재배지역에 변화가 있어왔다. 이에 따라 지속 가능한 커피 생산과 소비에 대한 이슈가 점차 대두되고 있다.

4 커피콩

커피콩(생두, green beans)은 커피나무의 붉은 열매에서 외피와 과육을 제거하면 나오는 씨앗을 건조시킨 것으로 외피와 약 2mm 두께의 젤리 같은 과육(펄프), 단단한 속껍질 내과피(파치먼트)에 둘러싸여 있다.

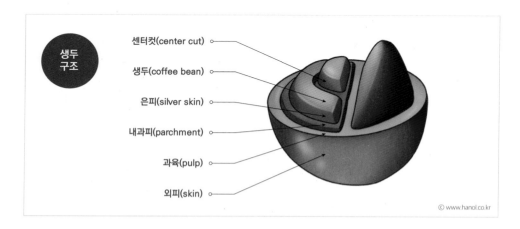

일반적으로 당해 수확하여 가공한 그린커피(green coffee)는 청록색으로 수확한 지 1년 이내는 뉴크롭, 1~2년 사이를 패스트크롭, 2년 이상 지난 것은 올드크롭이라고 부른다.

보통의 경우 씨앗(그린커피, 생두) 두 개가 서로 평평한 면을 맞대고 들어 있는데 커피나무의 수명이 오래되거나 불완전한 수정 등으로 한 개의 씨앗이 들어 있는 경우가 있는데 이를 피베리(peaberry)라고 부른다.

플랫빈	피베리	트라이앵글 빈

5 **커피품종**

품종	아라비카	로부스타
발견 시기	6~7세기	19세기 중엽
원산지	에티오피아	콩고
분류 등록	1753년	1895년
적정 기온	15~24도	24~30도
적정 재배고도	800~2,000m	700m 이하
적정 강수량	1,500~2,000m	2,000~3,000m
병충해	약함, 뿌리가 깊어 가뭄에 강함	비교적 강함
체리 성숙기간	6~9개월(개화~결실 9개월)	9~11개월(10~11개월)
카페인 함량	0.8~1.4%, 당분 8%, 섬유질 평균 1.2%	1.7~4.0%, 5%, 2.0%
맛과 향	향미가 우수, 신맛이 좋음	향미가 약함, 쓴맛이 강함
주요 생산국가	브라질, 콜롬비아, 코스타리카, 과테말라, 케냐, 탄자니아, 에티오피아, 하와이, 예멘, 짐바브웨, 파나마	베트남, 인도네시아, 인도, 카메룬, 우간다 콩고, 가나, 필리핀, 앙고라, 나이지리아
생두의 수율	20%	25%
유전자	염색체수 44	염색체수 22
번식	자가수분	타가수분

1) 아라비카 품종

체리는 굵고 균일, 납작·평평하고 길다, 센터 컷이 굽었고, 진한 녹색

- 티피카: 자마이카 블루마운틴, 하와이 코나는 밀도가 약함, 그늘경작법, 콩의 모양이 긴 편이며, 생산성이 낮음
- 버번: 티피카의 돌연변이종, 예멘에서 채취

아라비카종

- 문도노보: 티피카의 일종인 수마트라와 버번의 자연교배종
- 카투라: 버번의 돌연변이 종
- 카투아이: 문도노보와 카투라의 교배종
- 카티모르: 카투라와 티모르 하이브리드종의 인공교배종, 밀도가 강함

2) 로부스타 품종

체리가 작고 황갈색(내추럴 가공 多, 수세식 연두색), 볼록·둥글, 센터 컷이 곧음

- 로렌티, 오카, 안브리오, 우간다, 카젠고, 코닐론

로부스타종

 숙성커피와 몬순커피

- 인도네시아의 숙성커피와 인도의 몬순커피는 바람이 잘 통하고 습기가 많은 계절에 얼마간 저장하여 독특한 향미가 나도록 숙성시킨 커피콩
- 건식법으로 가공한 생두를 창고에 두고 계절풍(몬순)을 약 2~3주 쐬어준다.
- 신맛이 약하고 단맛이 강함
- 유명한 몬순커피는 인도의 말라바르
- 독특한 향미와 강한 바디를 느낄 수 있다.

6 커피가공

1) 커피체리의 수확방법

구분	핸드피킹(Hand-picking)	스트리핑(Stripping)
방법	• 여러 번에 걸쳐 익은 체리만을 골라 수확	• 한 번에 모든 체리를 훑어 수확하는 방식
특징	• 여러 번 수확에 따른 인건비 부담 • 품질이 균일한 커피 생산이 가능 • 주로 워시드 커피생산지역	• 비용을 절감할 수 있다. • 나무에 손상을 줄 수 있다. • 품질이 균일하지 않다. • 내추럴 커피나 로부스타 생산지역

2) 가공 과정

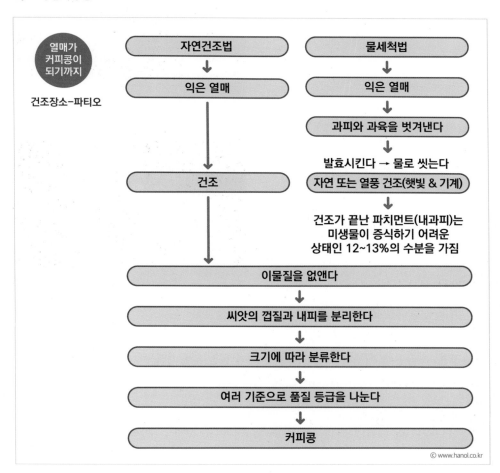

① **자연건조법**(건식법) **– 내추럴 커피**

- 과육제거나 발효, 세척과정이 없이 바로 건조(수분이 20% 이하가 될 때까지, 체리의 익은 정도에 따라 정재과정이 다르며 12~21일 걸린다)한다 → 풍부한 일조량을 필요

- 50도의 열풍에서 약 3일간 건조하는 기계건조(수분을 12%대로 수분함유율을 떨어뜨림)방식도 병행

자연건조법

- 수확이물질제거 및 미숙체리의 분리건조.

- 일부의 아라비카종, 브라질종, 로부스타종을 가공할 때 쓰인다.

- 단점: 결점두와 이물질이 많고 품질이 균일하지 않다.

무산소 발효

② **물세척법**(습식법)

- 붉게 익은 열매를 2~3주마다 거두어 물에 담가 가라앉는 알찬 것만 골라 과피와 과육을 제거하고, 탱크 안에서 얼마간 발효(커피의 점액질을 파치먼트로부터 제거하기 위한 과정, 24~34시간 발효시키며 pH 3.8~4.0 범위가 된다)시킨 뒤 물로 씻어 수분함량이 11% 이하가 되도록 말리는 방법이다.

물세척법

- 대부분의 마일드종을 가공할 때 쓰인다.

- 장점: 커피콩이 깨끗하고 품질이 균일하며 결점두가 적다.

- Pulping(과육제거) → Fermentation(발효) → Washing(세척) → Drying(건조) → Hulling(탈곡, 파치먼트 선별) → Cleaning(손질) → Grading(등급)

  - Polishing: 은피를 제거하는 과정, 상품가치를 높이는 선택과정, 고급커피(자메이카 블루마운틴 하와이코나)에 사용(Hulling+Polishing=Miling)

구분	Dry(Natural) 프로세스ing	Wet 프로세스ing
명 칭	건식법, 자연건조법	습식법, 수세식
장 점	생산단가가 싸고, 친환경적이다	품질이 높고 균일하다
단 점	품질이 낮고, 균일하지 않다	물을 많이 사용하므로 환경오염
맛의 특성	단맛과 쓴맛 특성이 잘 나타나며, 바디감이 강하고 복합적인 맛	신맛 특성이 잘 나타나며, 향이 좋고 맛이 깔끔하며 섬세함
콩의 표면	깨끗하지 않음	비교적 깨끗함
적 용	아라비카 일부, 대부분 로부스타	대부분 아라비카
수분함량	10~12%	11~13%
나 라	브라질, 에디오피아, 예멘, 인도네시아	콜롬비아, 코스타리카, 케냐, 과테말라

품 종	아라비카				로부스타
	마일드			브라질	
가공법	물세척법		자연건조법	자연건조법	자연건조법
	특급	1급			
주요 생산지	콜롬비아 하와이 케냐 탄자니아	과테말라 멕시코 온두라스 코스타리카 니카라과 도미니카 에콰도르 페루 인도 파파뉴기니	에티오피아 온두라스 에콰도르 페루 도미니카	미나스 파라나스 리오스 빅토리아	아이보리코스트 우간다 카메룬 자이레 인도네시아 인도 필리핀 베트남 태국

CHAPTER

02

생두와
로스팅

① 생두

커피 체리의 씨앗인 생두(그린커피, green coffee)는 가공방식에 따라 다르지만 대체적으로 녹색을 띠며 수분함량은 일반적으로 11~13% 정도 된다. 당해 연도 생산된 뉴크롭일수록 수분이 많고, 짙은 녹색을 띤다.

로스팅

생두의 밀도가 높을수록 커피의 맛과 향이 풍부하다. 아라비카 커피의 경우 2,000m 이상의 고지대에서도 재배가 되는데 생두의 밀도는 바로 이 재배고도와 관련이 있다. 재배고도가 높을수록 풍부한 일조량과 큰 일교차로 인해 밀도가 높아지게 되고 밀도가 높아지니 맛과 향이 풍부해진다.

① 생두의 분류

커피를 생산하고 있는 여러 산지들은 사이즈, 결점두, 재배고도 등 각 나라에 맞는 등급분류 체계를 갖고 있다. 생두의 등급은 상품 분류의 기준이 되고 가격책정과 구매자와의 거래에서 중요한 지표가 된다.

분류기준	나 라	분류 내용	산지명(상표명)
결점두	브라질	Type2~Type8	산토스
	인도네시아	Grade1~Grade6	만델링, 토라자, 자바마운틴, 가요마운틴
	에티오피아	Grade1~Grade6	이르가체페, 하라, 시다모
사이즈	콜롬비아	수프리모, 엑셀소, UGO	메델린, 파파안, 부라카망가
	케냐	AA, AB, C	케냐AA
	탄자니아	AA, A, B, C PB	킬리만자로, 모시
	하와이	코나 익스트라 팬시, 팬시, 프라임	코나

분류기준	나 라	분류 내용	산지명(상표명)
고 도	코스타리카	SHB	따라주
	과테말라	SHB	안티구아, 코반
	멕시코	SHG, HG(Altura)	오아사카, 치아파스
	자메이카	Blue Mt, High Mt, PW	블루마운틴

1) 스크린 사이즈

과일을 등급분류할 때 특대, 중과, 소과 등 크기로 상품분류하는 경우를 볼 수 있다. 이와 마찬가지로 생두의 등급 분류 시 기준점을 사이즈로 하는 나라들이 있는데 케냐와 콜롬비아가 대표적이다.

스크리너

스크린 No. (브라질)	크 기(mm) (미국)	명 칭 (영국)	
20	7.94	Very Large Bean	
19	7.54	Extra Large Bean	
18	7.14	Large Bean	1st Flats
17	6.75	Bold Bean	
16	6.35	Good Bean	2nd Flats
15	5.95	Medium Bean	
14	5.55	Small Bean	3rd Flats
13	5.16		1st Peaberries
12	4.76	Peaberry	
11	4.30		2nd Peaberries
10	3.97		
9	3.57		3rd Peaberries
8	3.17		

스크린 사이즈는 생두의 크기를 1/64inch 단위로 나눠 놓은 사이즈 기준이다. 생두의 등급을 나눌 때 사용되는 방법 중 하나로 평평한 생두(플랫빈, flat bean)의 기준점은 스크린 사이즈 18번, 피베리의 기준점은 스크린 사이즈 13이다. 코끼리콩이라고 불리는 마라고지페는 스크린 사이즈 20이다.

2) 결점두

생두의 재배나 가공, 건조과정에서 생긴 비정상적인 커피콩을 결점두라고 한다. 과발효, 백화현상, 곰팡이 등 커피의 맛과 향을 저하시키는 결점두는 등급 분류의 중요한 기준이 된다. 에티오피아는 결점두의 개수로 등급을 분류하는 대표적인 산지이다.

결점두

3) 재배고도

과테말라, 코스타리카, 니카라과, 온두라스 등의 중남미 산지들의 경우 재배고도에 따라 커피의 등급을 분류하는 경우가 많다. 높은 재배고도는 곧 생두의 높은 밀도와 풍부한 향미가 특성이다.

등급	고도
코스타리카	
SHB(Strictly Hard Bean)	1,200~1,650m
GHB(Good Hard Bean)	1,100~1,250m
HB(Hard Bean)	950~1,100m

등급	고도
과테말라	
SHB(Strictly Hard Bean)	1,600~1,700m
FHB(Fancy Hard Bean)	1,500~1,600m
HB(Hard Bean)	1,350~1,500m
SH(Semi Hard Bean)	1,200~1,350m
EPW(Extra Prime Washed)	1,000~1,200m
PW(Prime Washed)	850~1,000m
EGW(Extra Good Washed)	700~850m
GW(Good Washed)	700 이하
온두라스	
SHGStrictly High Grown)	1,500~2,000m
HG(High Grown)	1,000~1,500m
HB(Hard Bean)	950~1,100m
CS(Central Standard)	700~1,000m

4) 컵 퀄리티

커핑을 통해 커피의 아로마, 플레이버, 바디 등의 카테고리로 수치화하여 평가하는 방법으로 좋은 커피와 좋지 않은 커피를 분류하는 방법이다. SCA의 커핑 프로토콜과 COE 커핑을 예로 들 수 있다.

생두 산지에서도 샘플 로스팅과 커핑을 통해 커피들을 점수로 평가하여 구매자에게 제공하기도 한다. 커피 소비지의 로스터리 카페, 원두 제조공장에서도 퀄리티 컨트롤을 위해 로스팅 후 반드시 체크하는 부분이 바로 컵 퀄리티이다.

SCA는 생두의 색, 냄새, 크기, 수분함량, 밀도, 결점두를 체크하고 샘플 로스팅 후 컵 퀄리티(cup quality)를 체크하여 80점 이상의 스페셜티 등급과 80점 미만의 not 스페셜티 등급으로 분류한다.

특히 생두 350g 중 결점수는 5개 이내여야 하며 퀘이커(미성숙두)의 경우 로스팅된 원두 100g 중 1개도 허용하지 않는다.

커핑 시 프래그런스, 아로마, 플레이버, 액시디티, 바디, 애프터테이스트, 스윗니스, 유니포머티, 오버롤, 디펙트 등의 항목으로 평가한다.

② 나라별 커피등급 및 평가

1) 중앙아메리카와 카리브해

❶ 멕시코

- 세계 6위의 커피생산국(2007년 기준)
- 재배지의 고도에 따라 품질등급을 매김
- SHG 〉HG 〉prime washed   *SHG(Strictly High Grown)
- 아라비카종의 주요생산지로 알추라는 최고급 커피콩을 생산
- 고지대에서 재배하여 물세척법으로 가공

❷ 과테말라

- 품질등급은 재배지의 고도에 따라 7등급으로 나뉨
- SHB > HB > semi-HB > extra prime washed > prime washed > good washed *SHB(Strictly Hard Bean)
- 아라비카종을 꾸준히 재배
- 화산재 토양으로 인해 독특한 향미를 가진 커피가 생산(안티구아)

❸ 온두라스·엘살바도르·니카라과

- 품질등급은 재배지의 고도에 따라 SHG 〉HG 〉CS(Central Standard)
- 주로 아라비카종 생산
- 온두라스에서는 마르칼라스, 니카라과의 마타갈파

❹ 코스타리카

- 커피종은 품질이 우수한 마일드종(로부스타 품종의 재배 법적으로 금지)
- 타라주와 트레스리오스가 유명한 생산지
- 품질등급은 재배고도에 따라 7등급으로 나뉨
- SHB > good hard bean > hard bean > medium hard bean > atlantic

❺ 자메이카

- 세계 최고급 커피콩을 생산하는 나라로 유명
- 블루마운틴
- 재배고도(high mountain > prime washed)와 크기(스크린#18 이상 NO.1 > 스크린#17은 NO.2 > 스크린#16 이하 NO.3)로 등급분류

2) 남아메리카

❶ 콜롬비아

- 생두의 사이즈에 의한 분류: 스크린#17 이상은 수프리모, 스크린#14~16은 엑셀소
- 수프리모: 스페셜티 커피에 쓰는 최고급
- 엑셀소: 수출용표준등급, 하급은 수출하지 않는다.
- 물세척법으로 가공, 커피콩은 마일드종을 대표하며 청록색을 띠고 향기와 신맛, 달콤한 맛이 풍부해서 스트레이트 커피에 사용

❷ 에콰도르·페루

- 아라비카종을 생산하는 중견국가
- 신맛이 약함
- 페루의 찬찬바요가 세계적으로 유명

❸ 브라질

- 생산량의 80%가 아라비카종이지만 저지대에서 대량 재배하여 마일드종과 달라서 브라질종으로 따로 분류, 대부분 자연건조법으로 가공
- 1/64inch 단위로 구멍 크기가 분류된 체를 써서 커피콩의 크기 등급을 매기고, 커피콩 300g당 결점두가 섞인 정도에 따라 품질을 8등급으로 나눈다.

NO.2	No.3	No.4	No.4.5	No.5	No.6	No.7	No.8
4개	8개	26개	36개	46개	86개	160개	360개

- 향미는 관능검사
- strictly soft > soft > softish > hard > rioy > rio > rioish
- 산토스 No.2: 스크린#17 이상이 최상품

3) 예멘과 아프리카

❶ 예멘

- 고급 아라비카종의 대명사인 모카의 고향
- 자연건조법으로 가공하여 작고 품질이 균일하지 않지만 마타리와 사나니는 향기가 뛰어난 명품으로 스페셜 티 커피에 사용

❷ 에티오피아

- 에티오피아 하라는 자연건조법으로 가공한 커피콩으로 와인의 신맛과 과실향을 지닌 고급품으로 스페셜 티에 사용
- 남쪽 지역에서 생산하는 짐마와 시다모도 자연건조법으로 가공한 커피콩으로 모카의 특징을 지닌다. 시다모 중에서 일부 물세척법으로 가공하기도 함
- 모카커피: 이르가체페, 시다모, 하라

❸ 케냐

- 물세척법으로 가공
- 품질등급은 크기에 따라 분류
- 특급품을 케냐AA로 표시, 스크린#17~18은 AA, 스크린#15~16은 AB, 스크린#14 이하는 C

❹ 탄자니아

- 커피콩의 크기와 결점수로 등급을 분류
- 스크린#18 이상이고 결점수가 적은 콩은 AA, 결점수가 커질수록 A, B
- 탄자니아AA(킬리만자로) 세계에서 명품으로 인정

❺ 우간다

- 등급을 크기와 결점수에 따라 분류
- 최상품급은 아이보리코스트 NO.1으로 표시

4) 아시아와 인도양

❶ 인도네시아

- 커피콩 전체 생산량의 90% 로부스타종이고 10%만 아라비카종(만델링, 토라자, 자바 마운틴)
- 품질등급은 결점수에 따라 6등급으로 나뉨
- 결점수가 11 이하면 G1, 12~25이면 G2, 26~44이면 G3, 45~80이면 G4, 81~150이면 G5, 151~225이면 G6
- 물세척법으로 가공한 WIB(로부스타)가 품질이 좋고 그다음으로 AP, EK-1과 EK-2는 곡류 냄새와 흙내가 나며 주로 인스턴트 커피에 쓴다.

❷ 인도

- 몬순커피는 바람이 잘 통하고 습기가 많은 계절에 얼마간 저장하여 독특한 향미가 나도록 숙성시킨 커피콩임
- 건식법으로 가공한 생두를 계절풍(몬순)에 약 2~3주 노출시킴
- 신맛이 약하고 단맛이 강함
- 유명한 몬순커피는 인도의 말라바르
- 독특한 향미와 강한 바디를 느낄 수 있음

☕ 그린빈 그레이딩

그린 커피를 여러 가지 기준에 따라 분류해보자.

❶ 가공방식에 따른 분류

수세식 (워시드, washed)	세미 워시드 (semi washed = 펄프드 내추럴)	자연건조 (내추럴, natural)

❷ 생김새에 따른 분류

플랫빈(flat bean)	피베리(peabeerry)

❸ 결점두 분류

블랙빈	곰팡이	조개껍질 모양
미성숙	벌레 먹은	이물질
과발효	부서진	물에 뜨는

 로스팅(볶기, 배전)과 향미평가

① 로스팅 공정

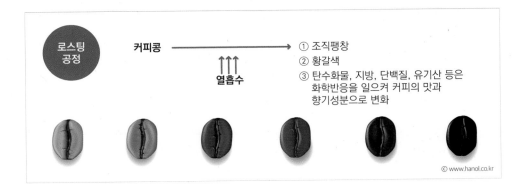

1) 로스팅의 단계별 변화

- 커피콩은 로스터 안에서 260~500℃의 열풍으로 가열, 대류열과 복사열에 의해 중심온도가 220~240℃까지 단계적으로 상승

커피콩 온도	변 화	기 타
100~130℃	• 수분증발, 황색으로 변화	흡열반응 (생두가 열 흡수 볶아지는 과정)
140℃	• 커피콩의 탄수화물, 지방, 단백질, 유기산 등이 분해 탄산가스 방출, 조직팽창	
150℃	• 커피콩의 중심부가 팽창하면서 1차 팽창음 발생	
200℃	• 커피콩이 건열분해(물기 없는 상태에서 열을 받아 일어나는 화학반응)되면서 열을 밖으로 발산하면서 조직이 2차로 팽창 * 갈변반응이란? 건열분해가 진행되는 동안 일어나는 현상 캐러멜당, 유기산, 알데하이드, 지방산 등 볶은 커피의 맛과 향기를 구성하는 성분이 생성 커피콩의 색상은 옅은 갈색 단계에서 신맛이 강하고 향기와 고소한 맛은 약하다.	발열반응 (건열분해 반응- 향기생성)
220~230℃	• 커피콩은 갈색이며 달콤한 맛과 고소한 맛이 최고이고, 향기는 짙으며 신맛은 줄어든다, 이때 로스팅을 중단하고 물을 분사(퀸칭)하여 대량의 찬 공기로 빨리 냉각시킨다.	맛과 향기가 가장 좋아지는 최적의 단계

- 로스팅이 끝날 무렵 푸른 열기 발생, 더 가열하게 되면 커피콩의 탄화 시작
- 냉각(배전 후 컨테이너 밀폐상태에서 산소농도 2% 이하가 되도록 불활성화가스로 조절하여 30~50℃에서 냉각)이 신속하지 않으면 탄화하면서 향기 성분까지 오히려 감소
- 로스팅 후반에 이루어지는 건열분해는 커피의 맛과 향 성분이 생성되는 결정적 단계이므로 세심하게 조정

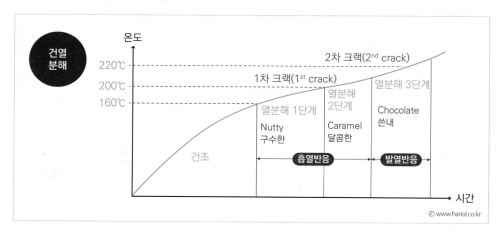

- 크랙: 생콩이 팽창하면서 나는 파열음을 이야기함

2) 로스팅 과정

❶ 원두의 사용 목적과 블렌딩 여부 등에 따라 로스팅 공정 전반에 대한 계획과 로스팅 열량과 시간 세팅 계획을 수립한다. 로스팅할 생두 중량, 투입온도, 열량 및 댐퍼 조절, 로스팅 레벨, ROR, DTR 등의 구체적인 계획을 세우는 것이 좋다.

❷ 로스팅할 생두의 중량을 로스터 용량에 맞게 계량하여 준비한다. 로스터 용량의 최대치를 채우는 것보다는 여유 있게 투입량을 잡아주는 것이 좋다.

❸ 생두의 가공방식, 수분, 밀도, 색상, 냄새, 결점두 상태 등을 살펴본다. 이때 생두 컨디션에 따라 로스팅 계획이 수정될 수 있다.

❹ 로스터를 켜고 예열한다. 보통 20~40분 정도의 예열시간을 갖게 되는데 드럼이 충분히 예열되어야 로스팅 시 생두에 열전달이 효율적으로 될 수 있기 때문이다.

❺ 계획한 투입온도에 생두를 투입한다.

❻ 로스터와 투입량에 따라 다르겠지만 로스팅 과정은 보통 10~12분 동안 진행된다. 생두의 색상과 향의 변화를 보며 화력과 댐퍼를 조절하여 겉과 속에 열이 잘 전달될 수 있도록 로스터를 조작해준다.

❼ 계획 수립 단계에서 정한 배출 온도와 로스팅 레벨은 로스팅 중 샘플러를 통해 향과 색상을 체크하며 조정될 수 있다. 1차 크랙은 로스팅 종료에 중요한 지표가 될 수 있다. 1차 크랙부터 종료 시간이 전체 로스팅 시간에서 차지하는 비율을 DTR이라고 하며 로스터들에게 일관성 있는 로스팅과 균일한 커피 컨디션을 파악하기 위해서 기본적으로 살펴봐야 하는 부분이다.

❽ 원두가 배출된 후 4분 이내에 온도를 내려주는 쿨링 과정을 거친다.

❾ 체프통을 비우고 로스터를 정리한다.

❿ 로스팅 레벨을 색도계로 측정하고 커핑을 통해 목표한 로스팅 레벨에 도달했는지, 향미 발현 상태를 체크한다.

② 로스팅 특성

커피콩의 종류에 따라 저지대에서 재배하는 로부스타종과 브라질종은 중심부가 넓고 조직이 덜 단단하여 수분증발과 색깔변화가 일찍 일어난다. 고지대에서 재배하는 마일드종은 조직이 단단하여 시간이 오래 걸리며 로스팅 초반에는 수분증발과 조직팽창이 느리게 일어나다가 후반에는 빨라져 팽창음이 크며, 탄산가스 방출량도 후반에 급증한다.

1) 온도와 시간에 따라

구 분	저온-장시간 로스팅	고온-단시간 로스팅
로스터의 종류	드럼로스터	유동층로스터
커피콩의 온도	200~240℃	230~250℃
시간	15~20분	1.5~3분
밀도	팽창이 적어서 밀도가 크다.	팽창이 커서 밀도가 작다.
향미	신맛이 약함 뒷맛이 텁텁 중후함이 강함 향기가 풍부	신맛이 강함 뒷맛이 깨끗 중후함 부족 향기가 부족
가용성 성분	적게 추출된다.	저온-장시간 로스팅보다 10~20% 더 추출된다.
품질 조절	쉽다	어렵다
경제성	1잔당 커피를 20% 소모	1잔당 커피를 10~20% 덜 소모
참고	• 비교표에 의하면 고온 단시간 로스팅이 더 훌륭한 것처럼 이해될 수 있으나 실제 원두에 따라 맛과 향의 발현 차이가 있어 어느 한쪽이 더 우월한 방법이라고는 표현하지 않는다.	

2) 볶음 정도에 따라

볶 음 정 도		향 미
약한 볶음 (190~215℃)	라이트로스트 (황색)	• 신맛이 강하고 중후함과 향기는 약하며, 아메리카노 커피에 적합하다.
	시나몬로스트 (옅은 계피색)	• 신맛이 강하고 중후함이 약간 있으며, 아메리카노 커피에 적합하다.
중간볶음 (215~230℃)	시티로스트 (옅은 갈색)	• 신맛과 중후함이 조화롭다.
	풀시티로스트 (갈색)	• 중후함과 향기가 최고지만 신맛은 약하다.
강한 볶음 (230℃)	프렌치로스트 (갈색)	• 달콤한 맛과 중후함이 강하고 신맛은 약하며, 카페라떼에 적당하다. (에스프레소)
	이탈리안로스트 (흑갈색)	• 맛이 아주 강하며, 에스프레소와 카푸치노에 적합하다.

④ 향기성분

- 생두의 당분, 아미노산, 유기산 등은 로스팅 과정중에 향기성분이 된다. 품종, 재배지 고도, 가공과 로스팅 방법, 볶음 정도 등에 따라 커피의 향이 달라지며 고지대에서 재배하는 아라비카 종이 저지대 브라질종이나 로부스타 종보다 향이 풍부하고 복합적이다.

3) 색상변화

❶ 시나몬

시나몬 로스트는 1차 크랙 초반에 배출된다. 풋내와 덜 익은 맛, 땅콩을 연상 시키는 향미가 나며 중량 감소가 매우 적다.

※ 향미 특징: 신맛이 매우 강함, 풋내와 땅콩을 연상시키는 향미, 풀내음, 꽃향, 매우 가벼운 바디

❷ 시티

시티 로스트 1차 크랙 마지막 단계 또는 1차 크랙을 갓 지났을 때 배출한다. 바디가 가볍고 산미가 강하다.

※ 향미 특징: 산미, 와이니, 달콤함(잘 볶았을 경우), 주스 같은 느낌, 꽃향과 과일향, 약간의 캐러멜, 가벼운 바디, 제대로 로스팅 되지 않으면 풋내와 신레몬, 시큼한 느낌

❸ 풀시티

2차 크랙 직전에 배출한 것으로 표면에 기름기가 있다. 부드러운 산미와 감미로운 캐러멜 향미, 중간 정도의 바디가 기분 좋은 균형을 이루고 있어 많은 소비자들이 선호한다.

※ 향미 특징: 캐러멜 느낌, 잘 익은 과일 향미, 중간 정도의 바디

❹ 비엔나

2차 크랙 초기, 기름기가 원두 표면으로 이동하기 시작할 무렵 배출. 스타벅스가 공급하는 커피의 표준 배전도는 이보다 약간 더 강하게 볶은 비엔나 로스트이다.

※ 향미 특징: 쌉쌀한 단맛, 캐러멜 느낌, 자극적, 견과류, 스파이시한, 무겁고 걸쭉한 바디

⑤ 프렌치

자극적이면서 쌉쌀한 단맛, 탄화된 듯한 향미를 내는 기름기 있는 원두의 배전도. 커피 고유의 특성을 탐지하기 어려워진다.

> ※ 향미 특징: 탄 느낌, 쓴맛, 스모키, 미미한 캐러멜 느낌, 바디는 무겁거나 중간 정도, 프렌치 이후 로스팅 레벨에서 바디는 점점 가벼워짐

⑥ 이탈리안

블랙에 가까운 아주 어두운 색상에 기름이 가득 배어나와 가장 쓰고 탄화된 배전도. 셀룰로스 구조가 부서져 있어 쉽게 산패된다.

> ※ 쓴 맛을 기본으로 한 탄내, 스모키, 산패한 느낌, 탄화된 느낌, 중간 정도의 바디, 바디감이 떨어지기 때문에 오히려 농도 자체는 묽다고 느낄 수 있다.

4) 구조변화

커피를 볶으면 수증기와 이산화탄소가 발생하면서 커피콩 내부 압력이 높아지면서 커피콩의 셀룰로스 구조체 크기가 커지고 공극이 벌어진다. 1차 크랙이 일어나기 2분 전쯤 커피콩이 팽창하면서 센터컷의 접힌 부분에 끼어 있던 채프(은피)가 떨어져 나간다. 셀룰로  스 구조가 더 이상 커지지 않는 순간, 커피콩 내부에서 균열이 일어나고 표면에서 수증기와 가스가 급격히 뿜어져 나오면서 터지는 크랙 소리를 만들어 낸다.

1차 크랙 이후 커피콩 세포 내 압력은 커지고 커피콩의 구조는 보다 약해지면서 2차 크랙 단계로 진입한다. 1차 크랙의 주된 원인은 수증기압, 2차 크랙의 주 원인은 누적된 이산화탄소 압력이다. 2차 크랙이 시작하면서 커피콩의 표면으로 기름이 흘러 나오는데 대부분의 로스터들이 표면으로 흘러나온 기름을 다크로스트 레벨의 지표로 본다. 로스팅 과정 중 크랙 단계를 거치면서 커피콩은 팽창하고 수분과, 기체가 방출된다. 셀룰로스 구조가 약해지면서 공극은 더 커지고 커피콩은 부서지기 쉬운 상태가 된다. 외부의 컬러와 상태가 발현된 만큼 커피콩 내부의 발현도 충분히 이루어져야 한다.

④ 로스터

1) 로스터의 종류

❶ 드럼로스터

- 1860년 미국의 번스사와 독일의 에머리히사가 개발
- 구멍이 많이 뚫린 드럼 안에 커피콩을 넣으면, 회전하면서 가열된 공기를 드럼의 안 팎으로 순환시켜 균일하게 볶은 다음 볶은 커피콩을 냉각판으로 옮겨 찬 공기로 식히는 로스터
- 구조: 연소기-회전식 이중 드럼 실린더-채프 사이클론-냉각판-재연소장치-제어판
- 커피콩의 중심온도가 210~240℃로 높아질 때까지 12~20분 동안 볶는다.
- 원두커피에 많이 쓰고 시설비가 비교적 경제적
- 배치(batch, 일괄)형으로서, 연속적이지 않고 일정한 양을 일정한 시간에 가공하므로 소량의 커피콩을 볶는 데 효과적
- 드럼로스터로 볶으면 중후하면서 신맛이 적고 향기가 풍부하게 생성
- 장점: 볶는 조건을 조절하므로 다양한 품질을 균일하게 할 수 있다.
- 단점: 비교적 저온이어서 볶는 데 시간이 오래 걸릴 뿐 아니라 조직의 팽창이 적고 로스팅의 손실도 많으며, 가용성 성분도 적다.

❷ 유동층로스터

- 커피콩 하나하나를 가열된 공기 중에서 자유로이 움직이는 상태로 볶는 로스터

- 열교환 효과가 매우 높아서 볶는 데 시간이 짧게 걸린다.
- 구성: 저장용기-연소기-로스팅실-냉각실-볶은 커피콩의 저장용기-집진기
- 장점: 고온에서 단시간 볶아 생산적
- 단점: 품질이 다른 커피콩이 균일해지도록 공정을 조절하기 어렵다.

❸ 고밀도로스터

- 구멍 많은 드럼의 벽을 따라 고밀도층을 형성하면서 이동하고 저온의 많은 공기가 고밀도층을 빠른 속도로 통과하는 형태로 공정이 이루어짐
- 비교적 낮은 온도에서 커피콩의 혼합효율, 가열된 공기의 빠른 속도에 의해 단시간 볶을 수 있다.
- 270~300℃의 공기로 2~3분 동안 커피콩을 볶으므로 효율적일뿐더러 추출수율도 1~2% 높으며 향기도 더 풍부하게 생성
- 일부 품질 낮은 커피에는 신맛과 중후함을 돋우는 효과
- 드럼로스터로 볶을 때보다 커피콩의 부피가 13% 증가하고 추출 속도가 8% 증가하며 추출 수율도 18% 증가

2) 로스팅 후의 맛과 향기

로스팅 후	원 인
향미가 약해지고 기름진 맛, 탄 맛 생성	• 최적의 온도와 시간을 초과 • 향기 성분이 증발하고 커피콩 표면에 기름이 생겨 산패되었기 때문
향기가 없고 풋내와 누린내가 생성	• 저온에서 장시간 볶음 • 최적의 향기가 생성되지 못했기 때문
탄내와 풋내가 섞인 고르지 않은 향미	• 크기나 수분함량, 밀도 등이 고르지 않은 커피콩을 섞어 볶았기 때문
풍부한 향기, 신맛, 중후함	• 커피콩 각각의 특성을 찾아 최적의 조건에서 따로 볶은 후 블렌딩했기 때문
강한 맛, 산패취	• 볶은 커피콩을 식히려고 물을 뿌려 빨리 산화되었기 때문

3) 로스팅 전처리 과정의 정제공정에서 많이 이용되는 기자재

❶ 비중 선별기

• 생두의 비중의 차이를 이용하여 이물질을 제거한다.

❷ 전자 색 분별기

• 숙성도에 따른 생두 표면 색도의 차이를 이용하여 선별

※ 로스팅 공정 전의 전체 처리과정의 주공정은 이물제거, 표면의 세척, 수분조절 등이 목적이다.

❺ 블렌딩

1) 커피 블렌딩(blending)의 기본 원칙

카페마다 고유한 시그니처 블렌딩 혹은 하우스 블렌딩을 만들어 판매하는 모습을 볼 수 있다. 커피 전문점이라면 자체 블렌딩, 로스팅을 고수하게 되는데 단종 커피가 갖지 않은 다양한 맛과 향기를 블렌딩으로 창조하고 특성이 같은 그룹의 커피콩을 대체 사용함으로써 품질과 원가를 유지하고 보완과 상승효과를 기대한다.

2) 블렌드를 결정할 때 고려 사항

우리가 블렌딩을 하는 이유는 커피의 맛과 향을 다양하고 풍부하게 하고 커피의 품질을 일정하게 유지시키며 값비싼 유명 커피를 대체하여 비용을 절감할 수 있다는 것이다.

블렌딩을 하기 위해 가장 먼저 해야 할 일은 고객의 기호를 조사하는 것이다. 고객의 기호를 파악한 후 섞어 사용할 커피콩들의 특성을 살펴본다. 원칙적으로 서로 다른 향미 특성의 커피를 블렌딩하는 것을 추천하며 공급이 원활한 커피 리스트를 확보해야 장기적인 블렌딩 품질 유지에 도움된다. 커피가 농산물인 것을 감안해 공급이 원활하지 않을 시 서로 대체할 수 있는 커피 리스트나 블렌드를 미리 연구해 놓는 것도 좋은 방법이다.

블렌딩에 사용할 커피를 선택하는 방법으로는 첫째, 사용하는 커피를 특성별로 분류해야 한다. 둘째, 배전 단계와 특징별로 분류해야 한다. 셋째, 사용하는 생두의 안정적

확보를 염두에 두어야 한다. 넷째, 생두의 크기와 건조 상태가 일정한 것을 선택한다. 다섯째, 맛의 조화나 개성을 강조하여야 한다.

블렌딩 방법으로는 로스팅 전 선 블렌딩과 각각의 커피를 로스팅한 후 배합하는 후 블렌딩 방법이 있다. 커피 고유의 최적의 로스팅포인트를 맞추기 편리한 후 블렌딩 방법을 추천하지만 공정이 보다 복잡해진다는 단점도 고려해야 한다.

3) 향미 특성별 커피콩 그룹(blending families)

❶ 상큼한 맛이 강한 커피콩

- 코스타리카, 콜롬비아, 과테말라, 고지대 남미 커피 콩

❷ 중후하고 풍부한 감을 주는 커피콩

- 건조 가공한 브라질 산토스, 수마트라 만델링

❸ 중후하고 달콤한 커피콩

- 건조 가공한 브라질 산토스, 인도 특급 커피

❹ 향기가 풍부한 커피콩

- 케냐, 과테말라, 뉴기니, 예멘, 모카, 짐바브

❺ 중후하고 조화된 맛의 커피콩

- 수마트라 만델링, 슬라베시 토라자

6 커피 향미

1) 향미란?

커피의 품질을 결정하는 가장 중요한 요소로 맛과 향기 그리고 바디에 대한 종합적인 느낌을 의미한다.

2) 커피향 용어

❶ 아로마(aroma)
- 커피를 끓일 때와 막 추출한 상태에서 방출되어 나오는 향기

❷ 부케(bouquet)
- 향기로 지각할 수 있는 모든 표현 용어의 총칭

❸ 딜리케이트(delicate)
- 커피에서 느껴지는 약한 단맛을 뜻하는 용어로 커피 첫 모금을 마셨을 때 혀끝에서 느껴진다.

❹ 에프터테이스트(aftertaste)
- 커피를 삼기고 난 뒤 코로 방출되어 올라오는 향기를 표현

3) 부케의 구성

향의 종류	특 성	원인 물질	주로 나는 향기
Fragrance	볶은 커피의 분쇄향기 (=dry aroma)	에스테르, 화합물	Flower
Aroma	추출커피의 표면에서 맡을 수 있는 향기(=cup aroma)	케톤이나 알데히드 계통의 휘발성 성분	Fruity, Herbal, Nut-like
Nose	마실 때 느껴지는 향기	비휘발성 액체 상태의 유기 성분	Candy, Syrup
After taste	마시고 난 다음 입 뒤쪽에서 느껴지는 향기(뒷맛, 후미)	지질 같은 비용해성 액체 수용성 고체 물질	Spisy, Turpeny

4) 커피향기의 종류

생 성 원 인	종 류	세 부 항 목
효소작용 (Enzymatic by-products)	Flowery	Floral, Fragrant
	Fruity	Citrus-like, Berry-type
	Herby	Alliaceous, Leguminous
갈변반응 (Sugar browning by-products)	Nutty(약배전)-고소한 향	Nutty(견과류-고소한 향), Malty- 볶은 곡물향
	Caramelly(중배전)	Candy-type, Syrup-type
	Chocolaty(강배전)	Chocolate-type, Vanilla-type
건열반응 (Dry distillation by-products)	Turpeny-송진향	Resinous, Medicinal
	Spicy-향신료향	Warming, Pungent
	Carbony-탄 향	Smoky, Ashy

❶ 효소작용

- 커피콩이 자라는 동안 효소작용에 의하여 생성
- 가장 휘발성이 강하며, 갓 볶은 커피에서 자주 느낄 수 있는 향기

❷ 갈변반응

- 커피의 볶음 공정 중 당(糖)의 갈변 작용에 의하여 생성된 고소한 향, 캐러멜 향, 초콜릿 향 등이 이 그룹에 포함된다.
- 커피를 추출할 때와 추출한 커피를 마실 때 느끼는 향기 그룹이다.

❸ 건열반응

- 이 그룹에 속하는 향기는 이종환상 화합물, 질소 화합물, 탄화수소 화합물로 이루어지며 가장 늦게 증발하며, 커피의 뒷맛에서 주로 느껴진다.

5) 커피향기의 강도

- Rich: 풍부하면서 강한 향기(full & strong), 진한 향기
- Full: 풍부하지만 강도가 약한 향기(full & not strong), 풍부한 향기

- Rounded: 풍부하지도 강하지도 않은 향기(not full & strong), 부드러운 향기
- Flat: 향기가 없는 경우(absence of any bouquet)

6) 커피맛의 종류

맛	원 인 물 질
신맛	클로로겐산, 옥살릭산, 말릭산, 시트릭산, 타타릭산
단맛	환원당, 캐러멜당, 단백질
쓴맛	카페인, 트리고넬린, 카페익산, 퀴닉산, 페놀릭화합물
짠맛	산화칼륨

7) 커피향미의 결함

❶ Baked

- 약한 불에 너무 길게 볶아서 캐러멜화 과정에서 좋은 향기가 생성되는 화학 변화가 진행되지 않아서 나타나는 맛의 결함

❷ Briny(짠맛)

- 커피를 추출하고 오래되어 물이 증발하고 떫은맛을 내는 무기질 성분이 농축되면서 나타나는 맛의 결함

❸ Fermented(발효된 맛)

- 건조과정에서 환경이 나쁘면 생 커피의 효소가 당분을 식초산으로 분해하면서 나타나는 향미의 결함

❹ Grassy(풀냄새)

- 커피를 수확한 지 얼마 안 되었을 때 나는 떫은 맛

⑤ **Green**

- 커피를 너무 짧게 볶아서, 당과 탄수화물이 정상적으로 생성되지 않았을 때 나타나는 맛의 결함

⑥ **Rioy**

- 커피추출액에서 소독 냄새가 심하게 나는 맛의 결함

⑦ **Rubbery**(고무냄새)

- 커피열매가 나무에 달린 채 건조되었을 때, 효소의 작용으로 인한 향미의 결함

⑧ **Scorched**

- 캐러멜 화합물이 충분히 생성되지 않으면서 커피콩의 표면이 부분적으로 타면서 나타나는 결함

⑨ **Strawy**(볏짚맛)

- 수확한 지 오래되어 유기성분이 없어지며 나는 맛

⑩ **Tarry**(탄맛)

- 추출한 커피를 오래 가열하면서 보관하면 커피콩의 단백질 성분이 변화하면서 나타나는 맛의 결함

⑪ **Woody**(나무맛)

- 수확한 지 수년이 지나 유기화합물이 거의 손실되었을 때 생기는 맛의 결함

⑫ **비린내**

- 잔의 세척이 불완전하여 세제가 남아 있을 때 나타날 수 있는 향미의 결함

⑬ **추출커피 가열 시 시간경과에 따른 변화**

- Flat → Vapid → Acerbic → Briny → Tarry → Brackish

8) 커핑

- 신체 감각기관(후각, 미각, 촉각 등)들을 최대한 이용하여 커피가 가진 향미(flavor) 특성을
관능적으로 평가하는 일련의 체계적인 작업, 침지법 이용

❶ 관능 평가의 단계별 동작

- 냄새 맡기(sniffing), 흡입하기(slurping), 삼키기(swallowing)
- 커피와 물의 비율: 150ml 물에 8.25g의 커피비율로 실시

❷ 평가방법

- Fragrance(분쇄된, 볶은 커피향기), Aroma(추출된 커피향기), Acidity(상큼한 신맛), Flavor(향미),
Body(바디), Aftertaste(후미)를 평가하고, 전체적인 Balance(균형감)
- 입안에 느껴지는 촉감과 관련이 깊은 용어
- 커피의 지방성분에 의해 느껴진다.
- 선호하는 향기의 평가: 상당히 강하다, 강하다, 보통, 약하다, 상당히 약하다
- 선호하지 않는 향기의 평가: 인정되지 않는다, 조금 인정된다, 인정된다.

Quiz 1 커피의 향을 지칭하는 용어들은?

Quiz 2 로스팅 단계에 따른 향미의 특성은?

☕ 커피 향미평가 요소

Fragrance	
Aroma	
Nose	
Aftertaste	
Body	
Mouth Feel	
Balance	
Clean cup	
Acidity	
Sweetness	
Bitterness	

⑦ 향미평가의 실제

1) SCA 커핑

샘플 간의 실제적인 차이를 파악하여 향미를 표현하고 상품의 선호 순위를 결정하기 위해 커피 관능평가를 한다. 11개 향미 속성 항목을 0.25점 단위로 점수를 매기는데 각 항목은 10점 만점, 합계 점수는 100점 만점이다. 생두를 평가하고 커피의 향미평가를 하는 사람을 커퍼라고 부른다. 커퍼는 객관적 기준에 대한 교육과 훈련을 받아야 하며 커피를 많이 다뤄 본 빈도에 따라 커퍼의 경험치의 차이가 난다. 80점 이상의 점수를 받은 커피를 스페셜티 커피라고 하며 실제 평가에서 90점을 넘는 커피는 드물고 최고 점수도 92점 정도로 나온다.

커핑

❶ 샘플준비

- 샘플 생두를 로스팅하여 8~24시간이 지난 뒤 커핑을 실시한다.
- 샘플 로스팅 시간은 8~12분으로 한다.
- 로스팅 정도는 SCA 로스트 타일 #55미디엄로스트로 한다.
- 로스팅 후 밀폐용기 또는 밀폐봉지에 넣어 냉암소에 보관하고 공기와의 접촉을 최소한으로 억제한다.
- 냉장이나 냉동보관 불가

- 물과 커피의 이상적인 비율은 물 150cc에 커피 8.25g이며 이를 기준으로 비율을 조정한다.

❷ 커핑준비

- 샘플을 정해놓은 비율에 따라 계량한다. 동일 샘플을 적어도 다섯 잔 이상 준비한다.
- 각 컵의 샘플을 각각 분쇄하여 커핑볼에 넣는다.
- 페이퍼드립용 굵기보다 약간 거칠게 분쇄한 뒤 바로 컵에 뚜껑을 씌운다.(뚜껑 생략가능)
- 분쇄 후 15분 이내에 뜨거운 물을 붓는다.
- 컵에 물을 가득 부어 가루 전체가 잠길 수 있도록 한다.
- 사용하는 물은 냄새가 없어야 하며 온도는 93℃로 맞춘다.
- 휘젓지 말고 3~5분 후 커핑을 시작한다.

❸ 평가순서

- 로스팅 강도를 살펴보고 결과를 시트에 표기한다.
- 샘플을 분쇄하여 15분 이내에 끓인 물을 부어야 한다.
- 물을 붓기 전에 가루 상태에서 나는 향 프래그런스를 충분히 체크하고 평가한다.
- 끓인 물을 부어 크러스트(커피 가루 막)를 건드리지 않고 3~5분 정도 그대로 둔다.
- 3~5분 후 세 번 정도 스푼으로 저어 크러스트를 깬다.
- 스푼으로 거품을 밀어내면서 가볍게 아로마를 맡는다.
- 프래그런스와 아로마 평점을 기록한다.
- 샘플 온도가 약 70℃까지 내려가면 입안 전체에 커피가 닿도록 흡입하여 평가한다.(플레이버 → 애프터테이스트)
- 샘플 온도가 60~70℃일 때 산, 바디, 밸런스를 평가한다.
- 다른 온도에서 두세 차례 더 평가한다.
- 샘플 온도가 실온(21~27℃)에 가까워지면 유니포머티, 클린컵, 스위트니스를 평가한다.
- 샘플 온도가 21℃가 되면 평가를 멈추고 종합적으로 판단하여 커퍼의 취향과 함께 총점을 준다.
- 나온 총점에서 디펙트(taint, fault) 점수를 감점시켜 최종 점수를 산출한다.

2) 트라이앵글 테이스팅

커핑 스킬 향상을 위한 연습방법으로 세 개의 컵 중 다른 하나의 커피를 넣어 다른 컵을 찾고 어떻게 다른지 찾아보는 훈련 방법이다.

3) 르네뒤뱅 아로마키트 후각훈련

주로 Q-grader(큐그레이더) Olfactory Test(후각테스트)를 위해 후각훈련을 하는데 프랑스 르네뒤뱅사에서 만든 아로마키트를 활용한 훈련을 한다. 4그룹 36가지의 향이 핸드메이드로 만들어져 작은 유리병에 담겨 있다. 이 유리병을 살짝 흔들어 코로 흡입한 후 느껴지는 향을 즉각적으로 연상해 기록하면서 후각기억을 만들어가는 훈련이다. SCA에서도 르네뒤뱅의 커피아로마 키트를 활용해 후각기억을 뇌에 인지시키는 훈련을 하도록 권장하고 있다.

커피의 향(aroma)과 맛(taste)은 커피나무의 품종, 생산지, 수확방법, 건조 및 발효방법, 로스팅 레벨, 로스팅 방식 커피 분쇄도, 추출 방식과 바리스타의 역량, 날씨와 습도, 보관방법, 수질 등에 따라 다양하게 나타난다. 세계인이 사랑하는 커피 향미에 대해 일종의 약속을 만들어 놓은 것이 아로마 휠(aroma Wheel)이다. SCA 아로마 휠과 르네뒤뱅의 아로마키트, 센톤사의 아로마키트나 인상 카드 등을 활용하여 후각 인지화 훈련을 하면 커피 맛을 평가하고 선택하는 데 많은 도움이 된다.

아로마키트

☕ 르네뒤뱅 아로마키트 실습

1	7	13	19	25	31
2	8	14	20	26	32
3	9	15	21	27	33
4	10	16	22	28	34
5	11	17	23	29	35
6	12	18	24	30	36

4) 커피 풍미의 오점과 결점

구분	내용
시큼한 (acerbic)	• 혀에서 아리고 신 느낌을 주는 커피 추출액 속의 맛의 결점. 클로로제닉산 화합물이 더 짧은 사슬의 퀴닉 및 카페인산으로 분해됨으로써 생성되며 추출 후 유지하는 동안 너무 과도한 가열이 원인이다.
숙성된 (aged)	• 커피콩의 신맛은 덜하지만 더 큰 바디감을 주는 맛과 입안 촉감 오점으로 생두가 수확된 후 저장되어 있는 동안의 숙성 과정 중에 속에서 물리적인 변화를 생성하는 효소 활동의 결과이다.
누른내 (baked)	• 커피 추출액에 밋밋한 부케와 김빠진 맛을 주는 맛과 향의 오점. 너무 낮은 온도에서 장시간 배전하여 향기가 변해버려 풍미가 별로 좋지 않은 상태
약간 불쾌한 짠맛 (brackish)	• 커피 추출액에서 짜고 알칼리 느낌을 만들어 내는 맛 결점의 한 가지. 과도한 열 때문에 물이 소금 같은 산화 무기물과 알칼리 무기물을 응축시키며 증발할 때의 결과이다.

5) 커피 맛의 구성 요소와 표현

구분			내용
단 맛 (sweet)	탄수화물	캐러멜화된 당	• Mellow: delicate(섬세한 단맛), mild(산뜻한 단맛)
	단백질	아미노산 합성물	• Acidy: nippy(강렬한 단맛), piquant(자극적인 단맛)
신 맛 (sour)	무기산화물	산화칼륨 산화인 산화칼슘 산화 마그네슘 산화나트륨 기타 산화물	• Winey: tangy(달콤한 와인 맛), tart(새콤한 와인 맛)
			• Soury: hard(쏘는 맛), acrid(아린 맛)
짠 맛 (slalt)	비휘발성산	카페인산 구연산 사과 산 주석산	• Bland: soft(부드러운 맛), neutral(매우 약한 맛)
			• Sharp: rough(거친 맛), astringent(떫은 맛)
쓴 맛 (bitter)	알칼로이드	카페인	• Harsh: alkaline(알칼리맛), caustic(신랄한 맛)
	비휘발성산	퀴닉산	
	에스테르	클로로제닉산	• Pungent: phenolic(페놀 맛), creosol(크레솔 맛)
	페놀	페놀복합물	

☕ 향미 계열

엔자이메틱	슈가브라우닝	드라이디스틸레이션	디펙트
Flowery	Caramelly	Spicy	Earthy
Fruity	Nutty	Resinous	Fermented
Herbal	Chocolaty	Pyrolytic	Phenolic

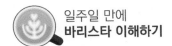

일주일 만에
바리스타 이해하기

CHAPTER

03

추출

추출 이론

① 추출의 정의

추출은 맛의 창조가 아닌 맛의 표현이다.

② 추출 과정

☕ 품질이 좋은 원두 선별

- 충분히 맛을 낼 수 있는 포인트로 로스팅된 원두를 적당한 크기로 분쇄
- 다양한 추출기구
- 물을 이용해 원하는 스타일의 커피의 맛과 향을 뽑아낸다.

③ 추출 방식

방 식		방 법		추출기구
침지식	우려내기	추출용기(뜨거운 물 + 커피가루)		프렌치프레스
	달이기	추출용기(뜨거운 물 + 커피가루) 가열		이브릭
	삼출	추출용기 안의 커피가루에 뜨거운 물을 통과 반복 순환		퍼콜레이터
	진공여과	하부용기 물을 가열하여 증기압으로 상부 추출액이 하부로 내려오는 방식		배큐엄 브루어
여과식	드립여과	뜨거운 물을 한 번 통과시켜 커피 추출		커피메이커 / 드립식 / 워터드립
	가압추출	가압된 물이 커피케이크를 통과하여 커피 추출		모카포트 / 에스프레소

4 좋은 커피 추출을 위한 조건

1) 신선한 원두

❶ 산패의 과정과 요인

- 산소: 커피를 산화시킴
- 수분: 다공질의 원두는 외부 공기를 흡수한다. 로스팅 후 3~4주 산패 진행
- 온도: 보관온도 10℃ 상승하면 커피변질 속도는 2, 3배씩 상승
- 로스팅 정도: 강한 로스팅일수록 산패 가속
- 분쇄입도: 가늘게 분쇄할수록 산소와 많이 접촉하여 산패가 잘 일어남

❷ 포장

- 불활성 가스 포장: 포장 내 공기를 불활성 기체(질소)로 대체. 보관기간 3배 길어진다.
- 벨브포장: 탄산가스는 방출하고 습기와 산소 유입을 방지한다.
- 진공포장

2) 적정한 분쇄

분쇄입자가 가늘수록 커피성분 많이 추출되므로 선택한 기구, 추출시간에 고려한 적정 입자로 분쇄해야 한다.

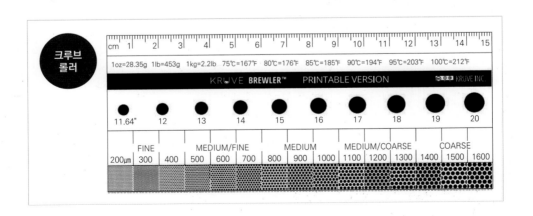

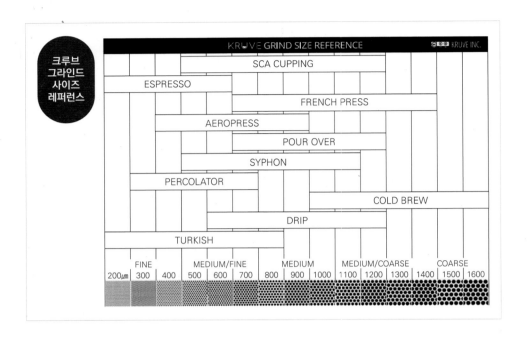

3) 신선하고 깨끗한 물

한 잔의 커피는 보통 98% 이상이 물이다. 좋은 생두를 선택하고 알맞게 로스팅을 했다면 적당한 미네랄이 함유된 깨끗하고 이취 없는 물을 준비해야 한다. SCA는 커피 추출에 이상적인 추출수에 대한 기준을 다음과 같이 제시한다.

☕ SCA 권장 워터 스탠다드

항목	내용
향	깨끗/순수, 무취
색	투명
총 염소량	0mg/L
TDS	150mg/L(허용 범위 75~250mg/L)
칼슘 경도	3 grains or 68mg/L(허용 범위 1~5grains or 17~85mg/L)
총 알칼리도	40mg/L(허용범위 약 40mg/L 전후)
pH	7.0(허용 범위 6.5~7.5)
나트륨	10mg/L(허용 범위 약 10mg/L 전후)

☕ 여러 물의 성분 비교

mg/L	수돗물	아이시스	삼다수	백산수	에비앙
PH (증류수 6.15)	6.95	7.64	7.42	6.83	6.97
칼슘	8~26	13.9~14.7	2.5~4.0	3.0~5.8	54.0~87.0
나트륨	2~14	1.6~3.0	1.5~3.4	4.0~12.0	4.4~15.6
칼륨	1~14	0.7~0.8	4.0~7.2	1.4~5.3	1.0~1.3
마그네슘	1~6	5.3~5.8	1.7~3.5	2.1~5.4	20.3~26.4 (뼈, 근육, 신경 전달)
불소	-	불검출	불검출	0~1.0(충치 예방)	0~0.1
특이사항	염소	속리산	화산암반수, 바나듐 함유	화산암반수, 천연 실리카 함유	프랑스, 빙하
경도	60mg/L	51mg/L	18mg/L	32.5mg/L	304mg/L
TDS	81 ppm	85 ppm	33 ppm	48 ppm	267 ppm
미네랄	-	34.80 mg/l	13.90 mg/l	19.50 mg/l	105 mg/l

정수 필터

사진제공 정진워터

알아두면 유익한 물 관련 용어 설명

　　최근에는 커피 한 잔을 만들 때 제일 크게 작용하는 퀄리티 요인 중 물에 대한 관심이 지대하다. 생수, 정수, 나트륨수, 칼슘수 등 어떤 물을 사용하느냐에 따라 커피의 플레이버와 관능평가에 큰 영향을 줄 수 있기 때문에 바리스타는 특정 성분을 거르거나 특정 성분을 투입하는 식의 필터링을 통해 자신의 커피에 맞는 물을 만들어 사용하기도 한다. 필터 시스템이 고가이기도 하고 지역마다 물의 차이가 있기 때문에 비용과 노력 대비 소비자들의 반응이 즉각적으로나타나지 않을 수 있지만 워터소믈리에라는 직업과 교육이 생길 정도로 물에 대한 사람들의 관심은 크다.

- TDS: 'Total Dissolved Soild'의 약자로 총 용존 고형물의 양을 뜻한다. 물 안에 들어 있는 물 분자 외의 모든 유기물과 무기물의 양이라고 보면 된다.
- 경도: 물에 포함되어 있는 칼슘과 마그네슘의 양을 탄산칼슘($Caco_3$)의 값으로 환산하여 나타낸 수치로 경도가 높은 물(경수)로 커피를 내리면 쓴맛이 강조되고, 경도가 낮은 물(연수)로 커피를 내리면 신맛 위주의 자극적인 맛이 날 수 있다.
- pH: 물의 수소이온 농도로 커피에 적합한 물은 중성인 pH7이다. 수소이온이 더 많으면 산성으로, 수산화이온이 더 많으면 알칼리성으로 변하게 된다.
- 알칼리도: 산성 용액을 pH7로 중화시킬 수 있는 알칼리 성분을 뜻한다. 즉 물이 산성으로 변하지 않게 억제하는 역할을 한다. 알칼리도가 너무 높으면 산미가 없는 밋밋한 커피가 나오고 너무 낮으면 강한 산미가 표현된다.
- 염소: 수돗물의 살균제 역할을 하는 염소는 소독약 냄새의 원인이다. 염소는 커피와 만나면 불쾌한 냄새를 발생하므로 절대 염소가 들어 있는 물을 사용하면 안 되고, 반드시 정수된 물을 사용해야 한다.
- 스케일: 물에는 각종 광물질이나 가스 외에 다양한 이온들이 존재하는데, 이들 이온의 화학적 결합물인 염류($Caco_3$, $Mgco_3$)가 온도 상승 등으로 인한 용해도 감소로 침전되어 전열면의 표면이나 배관 등에 부착된 것으로 대부분의 스케일은 $Caco_3$(탄산칼슘)이다.

② 브루잉의 종류

　　큰 범위 안에서의 브루잉은 커피를 추출하는 모든 방법을 지칭하지만 보통의 경우 핸드드립이라고 부르는 커피 추출 방식을 브루잉이라고 부른다. 커피가 가지고 있는 향미를 물을 이용해 추출하는 과정을 브루잉이라고 한다. 브루잉에는 크게 중력을 이용하는 방법과 인위적으로 만든 압력을 이용하는 방법이 있다.

1 브루잉 추출 요소

❶ 원두의 선별/가공방식/로스팅 일자/로스팅 레벨

❷ 분쇄도 입자의 굵기

❸ 커피의 양

❹ 물의 온도

❺ 물의 양(※물을 따를 때의 리듬이나 템포, 스피드가 추출시간에 영향을 준다.)

❻ 시간

❼ 추출 기구 선택(칼리타, 멜리타, 고노, 하리오, 융, 사이폰 등등)

2 원두의 배전 상태에 따른 추출 프로세스

배전	약배전	중배전	중강배전	강배전
맛	신맛, 단맛	신맛, 단맛, 쓴맛	단맛, 쓴맛	쓴맛, 바디감

③ 가공법에 따른 맛의 프로세스

1) Natural

　체리를 세척 후 햇볕에 말리는 방식이다. 약 14일 정도 말리면 체리의 껍질이 주름지면서 수분은 줄어들고 당도는 높아지는데 체리 열매 속의 점액질(mucilage) 형태로 있던 당분이 그대로 그린 빈으로 흡수되어 바디가 풍부해지고 좋은 단맛이 나는 커피가 된다.

2) Washed

　체리열매의 껍질을 제거하고 점액질이 있는 상태로 물속에 약 24시간 동안 담가 발효를 시킨 후에 건조하는 방식이다. 발효되는 과정에서 파치먼트 속에 있는 그린 빈에서도 여러 가지 물질이 빠져나오므로 파치먼트를 제거하였을 때 깨끗하고 투명도가 높은 그린 빈을 얻을 수 있으며 신맛이 좋고 약간의 바디감과 좋은 향미를 가진 커피가 된다.

3) Pulped Natural

　체리의 껍질만 벗기고 과육과 체리 열매 속의 점액질이 붙어 있는 상태로 말리는 방식이다. Natural과 Washed의 중간적인 형태로 풍부한 바디와 단맛은 Natural과 비슷하나 보다 깨끗하고 정제된 맛이 난다.

④ 입자의 굵기

맛	쓴 맛	쓴맛과 신맛	신 맛
입자굵기	가늘게	중 간	두껍게

5 **원두의 배전 상태에 따른 추출 프로세스**

1) 배전 직후의 원두

왕성하게 탄산 가스가 발생하기 때문에 80℃ 이하의 낮은 온도로 추출

2) 배전 후 2주 이상 된 원두

90℃ 이상의 고온이 아니면 맛도 향기도 나지 않는다.

3) 직화식인 경우

15일, 열풍/반열풍인 경우 10일 이내에 숙성이 된다. 따라서, 각각 15일, 10일 이내에 마셔야 한다.

6 **물의 온도와 추출**

추출 온도	커피의 맛	추출 속도
95℃ 전후(고온추출)	쓴맛과 개성적인 맛을 강조	가능한 한 빠르게
85~90℃(중온추출)	대중적이고 적당한 농도	중용(3분)
70~80℃(저온추출)	부드러운 신맛	조금 천천히

물의 온도(중온추출)	맛의 변화(Paper Drip)
90℃ 이상	· 온도가 너무 뜨겁다. · 기포가 나와서 표면이 깨진다. · 뜸들이기에는 온도가 너무 높다. · 입자가 익어버린다.
88℃	· 약배전에 적합하다.
86/84℃	· 중/중강배전에 적합하다.
82℃	· 강배전에 적합하다.
80℃ 이하	· 뜸들이기에는 온도가 너무 낮고 부풀어 오르지 않는다. · 맛은 좋은 느낌 나도록 충분하게 추출되지 않는다.

③ 핸드드립 기구

① Kalita Dripper

칼리타는 추출 구멍이 3개가 있는 드리퍼로 1개인 멜리타보다는 커피의 맛이 약하다. 상단에서 하단 끝까지 리브가 형성되어 물빠짐이 일정하고 초보자가 사용하기에도 무난하며 안정적인 맛을 추출할 수 있다. 커피가 가지고 있는 산뜻한 신맛, 가벼운 바디감, 부드러운 텍스처 등이 특징이다.

☕ 칼리타 시연

- 원두 20g 계량한다.
- 굵은 분쇄 입자로 그라인딩한다.
- 종이필터 가장자리를 접어서 드리퍼에 올려준다. 필요에 따라 린싱을 해준다.

- 40g의 물로 뜸들이기를 진행한다. 원두 파우더 가운데에서 밖으로, 다시 안으로 반복하며 원을 그려준다.
- 60g씩 총 4회 추출을 진행한다.
- 드리퍼를 제거하고 커피 맛을 평가한다.

2 Hario Dripper

물빠짐이 빠른 하리오는 추출 구멍이 드리퍼 중에서 가장 크며 상단에서부터 회오리 형의 리브가 추출구까지 이어지는 모양이다. 추출속도가 빠른 편이라 잡미가 없는 깔끔하면서도 부드러운 커피를 추출할 수 있지만 바디와 애프터는 짧아질 수 있어 초보자가 다루기 어려운 드리퍼 중에 하나이다.

하리오
드리퍼

☕ 하리오 시연

- 원두 20g 계량한다.
- 굵은 분쇄 입자로 그라인딩한다.
- 종이필터 가장자리를 접어서 드리퍼에 올려준다. 필요에 따라 린싱을 해준다.

- 40g의 물로 뜸들이기를 진행한다. 원두 파우더 가운데에서 밖으로 원을 그려준다.
- 100g/100g/60g 총 3회 추출을 진행한다.
- 드리퍼를 제거하고 커피 맛을 평가한다.

3 **Melitta Dripper**

멜리타는 추출 구멍이 1개로 측면의 각이 칼리타에 비해 경사지게 세워져 있다. 바닥면도 평평하지 않고 리브를 따라 약간 경사져 있는 특징이 있다. 물빠짐이 느리지만 농도가 진한 커피를 얻을 수 있고 날카로운 맛을 없애주고 감칠맛을 더해주는 장점이 있다. 멜리타 아로마 시리즈는 추출구가 바닥보다 약간 윗부분에 형성되어 바디감이 더 강한 커피로 추출되며 과추출을 막기 위해 멜리타 아로마 전용필터를 사용해야 하는 단점이 있다.

4 **Kono Dripper**

고노는 드리퍼가 둥근 원추형으로 다른 드리퍼에 비해 추출구가 큰 편이고 리브는 하단부에서 시작된다. 같은 양의 커피를 담고 추출할 때 커피액이 중앙으로 집중되어 추출되는 방식이다. 칼리타나 멜리타보다는 추출이 빠르지만 보다 부드러우면서 진한 커피를 추출할 수 있다. 하지만 사람에 따라 맛의 편차가 심하게 날 수 있다는 단점이 있다.

고노 드리퍼

5 **Nel Dripper**

플란넬이라고 하는 천을 사용하는 넬 드리퍼는 종이 드리퍼와는 달리 기름지고 입안이 가득 찬 느낌을 주는 커피를 얻을 수 있다. 커피 오일 성분이 그대로 투과되어 바디, 부드러운 쓴맛의 커피를 맛볼 수 있고 일반 페이퍼 드리퍼보다 매끈하고 부드러운 바디 텍스처가 특징이다. 숙련되지 않은 일반인은 사용하기 까다로운 추출기구이다.

넬 드리퍼

6 Clever

클레버는 누구나 쉽게 특별한 기술 없이 균일한 맛의 커피를 추출할 수 있는 드리퍼로 프렌치프레스와 다른 드리퍼들의 장점을 결합해 만든 새로운 방식의 드리퍼이다. 평평한 바닥에 놓았을 땐 드리퍼 안에 커피가 고여 있다가 서버에 올리면 실리콘 패킹이 올라가며 커피가 떨어지는 방식이다.

클레버
드리퍼

☕ 클레버 시연

· 원두 20g 계량한다.
· 굵은 분쇄 입자로 그라인딩한다.
· 종이필터 가장자리를 접어서 드리퍼에 올려준다. 필요에 따라 린싱을 해준다.

· 40g의 물로 뜸들이기를 진행한다. 원두 파우더 가운데에서 밖으로 원을 그려준다.
· 100g/100g/60g 총 3회 추출을 진행한다.
· 드리퍼를 제거하고 커피 맛을 평가한다.

드리퍼의 재질 및 특징

플라스틱(내열 플라스틱, PP수지, AS수지)

가격이 저렴하고 투명재질의 경우 뜸 들이는 과정과 투과 과정에서의 물의 흐름을 관찰할 수 있어 물줄기 조절하는 데 용이하지만 장기간 사용할 경우 드리퍼 내부 벽이 일어나며 보온성이 떨어지고 커피 물이 들 수 있다.

도기/도자기

플라스틱보다 비싸지만 가격이 비교적 저렴하고 장기간 사용해도 형태와 색이 변하지 않으며 반영구적으로 사용 가능하다는 장점이 있다. 보온성이 뛰어나지만 열전도율은 낮아 드립 전에 미리 예열이 필요하고 깨질 수 있다는 단점이 있다.

동

보온성과 열전도율이 높고 재질에서 느껴지는 고급스러움과 특유의 멋스러움이 장점이다. 하지만 가격이 높고 관리가 어렵다는 단점이 있다.

천

반복해서 사용할 수 있고 부드러운 바디와 텍스처를 뽑아낼 수 있다는 장점이 있지만 사용 후 씻어서 건조하는 과정에서의 불편함과 위생 문제가 발생할 수 있다는 단점이 있다.

메탈

환경을 생각한 새로운 트렌드에 맞춰 개발된 필터로 물로 헹구어 영구적으로 사용이 가능하다. 종이필터와 달리 커피의 오일 성분을 흡수하지 않고 추출하여 더욱 깊고 진한 맛을 느낄 수 있다.

☕ 커피 추출 실습

sample name			
roasting point		weight	g
water condition	g/ ℃	score	

NOTE

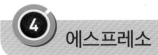

1 에스프레소의 정의

에스프레소란 아주 진한 이탈리아식 커피이다. 데미타세(demitasse)라는 조그만 잔에 담아서 마셔야 제맛을 느낄 수 있다. 공기를 압축하여 짧은 순간에 커피를 추출하기 때문에 카페인의 양이 적고, 커피의 순수한 맛을 느낄 수 있다. 에스프레소(espresso)의 영어식 표기인 '익스프레스(express)'는 '빠르다'라는 의미로 사용된다.

커피양	압 력	물의 온도	추출 시간	종 류
8~10g	9기압	90~95℃	25~30초	리스트레토, 솔로, 롱고, 도피오

에스프레소는 전용 기계로 추출한다. 에스프레소 머신은 1901년 이탈리아 밀라노의 루이지 베제라가 증기압을 이용한 머신을 개발해 특허를 받으면서 시작되어 1948년 아킬레 가찌아가 피스톤 원리로 작동하는 머신을 개발하며 9기압 압력을 가해 추출하는 에스프레소의 개념이 생기기까지 사람들의 커피에 대한 필요와 관심에 의해 만들어졌다.

가루 그대로를 끓여 마시던 진한 터키식 커피, 가루를 걸러 먹기 위한 필터 커피에 이어 커피 제조시간을 줄여서 보다 더 커피를 편리하게 즐기기 위한 필요에 따라 크레마라는 새로운 친구도 발견하게 되었다.

에스프레소는 9기압의 압력, 90℃ 전후의 물의 온도, 20~30초라는 짧은 시간 안에 30ml의 진한 커피를 뽑아내는 것이다. 드립식 기계를 이용할 때보다 원두를 3배 정도 곱게 갈아야 하며 에스프레소의 맛을 결정하는 요소로는 원두의 굵기와 양, 압력, 떨어지는 속도 등이 있다.

② 에스프레소의 종류

종류	특징
리스트레토(ristretto)	• 기본적인 에스프레소보다 양이 적고 진한 것을 의미한다. 보통 20ml 정도 추출을 하고, 이탈리안들이 식후에 한입에 털어 넣어먹는 것을 즐긴다.
에스프레소(espresso)	• 20~30초 동안 30ml 정도를 추출한다. 모든 에스프레소 메뉴의 베이스가 된다.
도피오(doppio)	• 두 잔 분량의 에스프레소를 말한다. 오래 추출하여 양을 많이 추출하는 것이 아닌 2샷을 의미한다. 예) 리스트레토 도피오, 에스프레소 도피오
룽고(lungo)	• 에스프레소 중 가장 양이 많고 농도가 연하고 부드럽다. 50ml 이상 추출하며, 에스프레소를 처음 접하는 분들에게 추천한다.

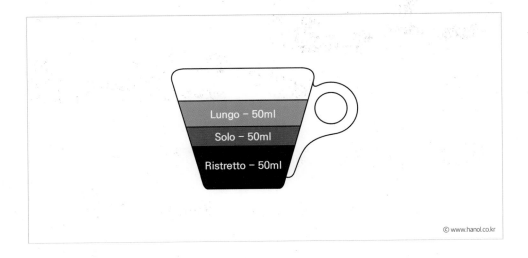

© www.hanol.co.kr

③ 에스프레소 추출하기

❶ 포터필터를 그룹헤드에서 분리한다.

포터필터를 왼쪽으로 돌려서 그룹헤드에서 분리한다. 분리하며 열수와 커피 찌꺼기 제거를 위한 물 흘리기를 해주기도 한다.

❷ 바스켓 용량에 맞추어 도징한다.

보통의 경우 16~17g짜리 바스켓을 사용하지만 바리스타는 원하는 맛표현을 위해 바스켓 사이즈를 선택할 수 있다. 선택한 바스켓 용량에 맞추어 커피를 도징한다. 내가 사용할 만큼의 커피를 그라인딩하는 연습이 필요하다.

다양한 바스켓 사이즈

❸ 도징한 커피 파우더를 레벨링한다.

디스트리뷰터를 사용하거나 손을 이용해 도징한 커피가 전체적으로 고르게 들어갈 수 있도록 해주는 작업을 레벨링이라고 한다. 커피 파우더가 한쪽으로 몰려 들어가거나 가장자리 쪽이 비어 있는 경우 추출이 원활하게 진행되지 못한다.

월드바리스타챔피언 샤샤 셰틱이 대회에 OCD(ONA Coffee Distributor)를 가지고 나온 이후부터 많은 바리스타들이 현장에서 디스트리뷰터를 이용해 레벨링을 하고 있다.

❹ 수평을 맞추어 탬핑한다.

탬프는 다져 넣다, 다지다라는 뜻으로 가압추출의 9~12bar 압력을 커피케이크가 일정하게 받을 수 있도록 커피를 다져 넣어주는 작업이다. 탬퍼는 베이스의 두께나 밑면의 모양, 다양한 헤드의 재질이나 무게 등을 선택하여 사용할 수 있다.

적절한 탬핑의 강도는 13~20kg 정도의 무게로 순각적으로 커피케이크를 눌러주면 적당하다.

❺ 그룹헤드의 열수를 3초 정도 짧게 흘려준다.

⑥ 팩킹한 포터필터를 그룹헤드에 장착한다.

팩킹이 끝난 포터필터를 그룹헤드의 왼쪽에서 오른쪽으로 돌려 끼우듯 장착한다. 이때 포터필터 안에 커피 케이크에 균열이 가지 않도록 조심히 작업한다.

⑦ 포터필터를 장착한 그룹의 추출을 시작한다.

장착이 끝난 그룹의 추출버튼을 눌러 신속하게 추출한다.

⑧ 목표한 양까지 추출한다.

에스프레소 솔로의 경우 30ml, 리스트레토는 15~20ml, 롱고는 4~50ml까지 추출하게 되는데 같은 원두여도 추출량에 따라 향미가 달라지기 때문에 바리스타는 사용하는 원두의 컨디션과 캐릭터를 파악하여 최적의 레시피를 추출한다.

⑨ 포터필터를 그룹헤드에서 분리하고 커피 퍽을 노크박스에 제거한다.

다음 추출을 위하여 사용한 포터필터의 커피퍽은 찌꺼기통(노크박스)에 바로 버린다. 바리스타 시험에 응시하거나 매장에서 근무 시 그라인더와 노크박스 주변에 커피가루와 물기가 없도록 항상 깨끗이 한다.

④ 에스프레소 머신 부분별 명칭

❶ 전원버튼
❷ 컵워머
❸ 온수버튼
❹ 추출작동버튼
❺ 스팀레버
❻ 스팀완드(스팀파이프)
❼ 온수노즐
❽ 그룹헤드
❾ 스팀, 추출수압력게이지
❿ 보일러수위 표시계
⓫ 싱글포터필터
⓬ 더블포터필터
⓭ 드레인박스, 드립트레이

© www.hanol.co.kr

⑤ 그라인더 부분별 명칭

❶ **호퍼리드**(hopper lid)
호퍼뚜껑

❷ **호퍼**(hopper)
원두 담는 통(차광성 필요)

호퍼게이트(hopper gate) ❸

❹ **분쇄조절손잡이**

도저(doser) ❺
분쇄된 커피를 저장

❻ **도저레버**
도저를 작동하기 위한 레버장치

❼ **전원 on/off 스위치**

받침대 ❽

© www.hanol.co.kr

6 기타 사용 도구

7 에스프레소 추출에 영향을 주는 요인

커피	그라인딩	에스프레소 머신	바리스타의 테크닉
싱글/블렌딩	코니컬/플랫	9기압	도징
로스팅 포인트	커피 입자 크기	95도의 물	레벨링
맛의 목표	커피의 양	20~30초	탬핑

8 정상추출 범위

한 잔에 추출된 커피의 고형 성분의 양과 에스프레소의 텍스처와 향미에 따라 추출의 범위를 정해놓고 있으며 정상 추출의 범위는 추출 수율 18~22%이다. 추출 수율은 도징된 커피의 양, 추출하는 물의 양, TDS(고형성분) 수치로 계산할 수 있다.

추출 수율 18% 이하	추출 수율 18~22%	추출 수율 22% 이상
과소 추출	정상 추출	과다 추출

9 그라인더 조작과 커피입자 세팅

커피 추출에 있어서 커피의 입자(분쇄도)는 가장 중요한 요소이다. 사용할 도구에 알맞은 입자로 분쇄하는 테크닉은 바리스타의 숙련도를 평가하는 중요한 카테고리이며, 단순히 테크니컬적인 평가를 받는 것이 아니라 추출한 결과물, 즉 커피의 센서리 평가와도 직결된다. 과소 추출, 과다 추출, 정상 추출한 에스프레소의 향미평가를 말이나 글로 기술할 수 있는 연습도 필요하다.

10 용어설명

1) 바리스타(barista)

에스프레소 머신을 잘 다루고 숙련된 솜씨로 커피를 다루며, 예술적·감각적인 기술을 보유한 커피인을 말한다.

2) 크레마(rich gold crema)

에스프레소를 추출했을 때 커피 위에 생기는 '황갈색의 고운 크림'을 말하는데. 커피의 오일(oil)이 크리머로 변화하는 것이며, 두께는 3~4mm 정도가 좋다. 에스프레소의 풍부한 달콤함은 이 크리머에 숨어 있다.

3) 도스(dose)

에스프레소 1샷(shot)에 사용되는 커피의 양(6~10g)으로, 보통 8g을 말한다.

4) 그룹(group) = 포터필터(portafilter)

필터와 커피 추출구가 있는 손잡이 기구를 말한다. 포터필터를 결합한 후에 커피가루를 담아서 누르는(tamping) Handle과 Basket의 세트

5) 탬퍼(tamper)

포터필터에 커피가루를 넣고 다지기를 하는 기구

6) 탬핑(tamping)

탬퍼로 커피를 다질 때 누르는 과정을 말한다. 누르는 힘의 세기가 중요한데 단단히 누를수록 커피가 천천히 떨어지고, 그만큼 향이 충분히 우러난다. 탬핑이 잘되었어도 커피가 빨리 나오면, 더 고운 가루를 사용해야 하고 반대로 천천히 나온다면(약하게 탬핑했어도) 더 굵은 커피가루를 사용해야 한다.

7) 넉 박스(knock boxes)

에스프레소 추출 후 남은 커피 찌꺼기를 털어내고 담아내는 통

8) 우유 데우는 통(milk pitcher)

강화유리나 스틸 재질이 많이 사용되는 손잡이가 달린 피처

9) 머신의 상부(cop warmer)

보일러의 열기와 열선을 이용하여 컵을 보관·보온하는 곳

10) 스팀 나오는 막대기(nozzle)

보일러의 수증기를 뿜어주는 긴 막대기의 관

11) 커피 추출 시 잔받이(drip tray)

추출 작업 시 배수가 원활히 흘러갈 수 있도록 되어 있다.

12) 에스프레소 전용 분쇄기(grider)

보통 수동식과 전동식은 날 달린 분쇄기(bladengrinder)를 사용하지만, 상업용 에스프레소 분쇄기는 버타입 분쇄기(burr-type grinder)를 사용한다. 에스프레소 - 평편한(fiat burr)·원뿔형(conical burr) · 수동 그라인더, 가정용 분쇄기 - 원뿔형(conical burr) 등

13) 에스프레소 샷(espresso shot)

약 8g을 이용해 그룹에 커피가루를 넣고 탬핑을 하여 헤드에 결합하고 15~30초 사이로 추출한 커피를 말한다. 신선하고 좋은 추출이 된 샷은 '향기로운 크리머'와 '무거운 바디'를, 그리고 검고 강렬한 '풍미'를 지니고 있다. 가장 향이 좋은 순간에 음미하도록 하며, 샷을 만든 후 약 5초 정도 지나면 그 향과 풍미가 질적으로 많이 떨어져 버린다. 이것을 조금이라도 연장하기 위하여 잔을 미리 데워줘야 한다.

14) 백플러싱(back flushing)

머신의 압력을 이용해 그룹헤드에 남아 있는 찌꺼기를 청소하는 작업

15) 그룹헤드(group or head)

필터헤드를 결합하는 부분을 말한다. 머신들마다 작동되는 방식의 노하우가 있다. 그 설계에 따라 커피가 용해되는 정도와 커피에 미치는 '유속(water speed)'의 영향이 모두 다르게 나타난다.

☕ 그라인더 입자 세팅 실습

그라인더 입자 세팅

굵 게 GROSSA ------------------------------------ 얇 게 FINE

	과소 추출	정상 추출	과다 추출
추출수율			
추출경향			
향미특성			

☕ 에스프레소 추출 실습

* 일관성 있는 추출을 위해 정량 도징과 정량 추출 후 향미 평가한다.

도징양	레벨링 + 탬핑	추출량	추출시간	향미평가	
g		g ml	sec	F(플레이버) B(바디) A(아로마)	
g		g ml	sec	F A	B
g		g ml	sec	F A	B
g		g ml	sec	F A	B
g		g ml	sec	F A	B
g		g ml	sec	F A	B
g		g ml	sec	F A	B
g		g ml	sec	F A	B
g		g ml	sec	F A	B
g		g ml	sec	F A	B
g		g ml	sec	F A	B
g		g ml	sec	F A	B
g		g ml	sec	F A	B
g		g ml	sec	F A	B

 에스프레소 추출 관련한 개념

BREW RATIO = Input: Output = Output / Input

ESPRESSO BREW FORMULA(%) = Input / Output × 100
   (Espresso:40~60%, Ristretto:60~85%, Lungo: 25~40%)

TDS(%) = Total Dissolved Solid

Extraction(%) = Yield × TDS / Input

Over Extracted / Under Extracted / SCA Ideal

VST 18~12% ristretto / 12~8% normal / 8~5% lungo

SCAA 1.15~1.35% / SCAE 1.20~1.45%

밀크스티밍

① 밀크스티밍의 이해

① 밀크스티밍이란?

밀크스티밍(milk steaming)이란 액체 상 태의 우유에 공기를 주입하여 따뜻하고 부드러운 벨벳밀크(velvet milk)를 만드는 과정이다. 벨벳밀크는 우유의 단백질 성 분과 지방 성분으로 인해 만들어지며, 스티밍 과정에서 약 3%의 비중을 차지 하는 단백질 성분이 스팀노즐에서 발생

되는 기포에 모여 얇고 고운 막을 형성하고, 우유 속의 지방 성분이 거품을 안정시키는 역할을 한다. 밀크스티밍은 카페라떼, 카푸치노 등 에스프레소 베리에이션 커피를 만들 때 꼭 거쳐야 하는 과정이며, 각각의 커피 메뉴에 따라 적절한 거품의 두께와 온도를 숙 지해야 한다. 따라서 바리스타들에게는 에스프레소 추출 다음으로 중요하고, 그만큼 많 은 양의 연습이 필요한 과정이다.

② 밀크스티밍의 영향요인

1) 스팀노즐의 위치와 각도

우유 표면 기준 1cm 이상 깊게 들어가지 않도록 스팀노즐은 우유에 담근 상태에서 시작되며 공기주입은 피처의 좌/우측 외각 쪽에서 우유의 표면에 위치한다.

2) 공기주입의 시간과 양

밀크스티밍에서 공기주입의 시간과 양에 따라 거품의 두께는 변화하게 되는데 공기주

입을 많이 할수록 거품은 두꺼워진다.

　우유에 공기가 많이 들어가면 들어갈수록 우유는 점성이 있게 되거나 혹은 끈끈해 보이기도 한다. 또 공기주입을 하는 스팀노즐의 위치가 거품의 크기를 변화시킨다. 공기주입은 스팀노즐을 1cm 정도 우유에 담고 시작하여 스팀노즐과 우유의 표면이 거의 맞닿게 하여 거품이 생성되는 과정을 눈으로 확인하고 소리로 판단해야 한다.

　스팀노즐과 우유 표면이 멀어질수록 큰 거품이 형성되고 가까울수록 고운 거품이 형성되는데 밀크피처의 유동이 많으면 불안정한 거품이 형성되므로 주의해야 한다.

3) 우유의 온도

　혼합과 안정화 과정은 데워지는 우유와 거품을 혼합시키며 불안정한 거품을 안정화시킨다. 이 과정에서 곱고 균일한 우유 거품이 된다.

　또한 우유의 회전을 이용하여 진행되면서 크고 불안정한 거품들이 스팀피처의 벽면을 회전하며 깨지고 우유 중앙의 소용돌이를 형성하고 피처를 돌려주면서 우유가 분리되는 것도 지연시킬 수 있다. 효과적으로 돌리려면 우유 표면이 반들반들할 정도로 빠르게 그러나 새로이 거품이 만들어지거나 우유가 튀지는 않을 만큼만 빠르게 돌려준다. 또한 안정화에서 손으로 피처 바깥벽면에 붙였다 뗐다를 반복하다가 3초 이상 만질 수 없을 만큼 뜨거움을 느낄 때가 대략 70℃ 정도이다.

　벨벳밀크가 유지되는 적정 온도는 65~68℃ 사이이며 해당 온도에서 가장 안정적으로 유지된다.

3 밀크스티밍의 잘못된 예

- 노즐이 밀크피처의 벽면에 가까울 때
- 노즐이 우유 깊숙이 담겨 있을 때
- 노즐이 우유 표면과 많이 떨어져 있을 경우
- 피처의 지나친 유동
- 우유의 회전이 없는 경우

- 얇고 힘이 없는 거품, 뜬 거품
- 공기주입이 없어 얇은 거품층
- 불안정하고 큰 거품 형성
- 불안정한 거품 현성
- 밋밋한 거품 형성

② 밀크스티밍 과정

① 스팀피처에 우유 담기

피처의
종류

스팀피처는 우유를 넣어 데우는 도구를 말한다. 일반적으로 라떼 1잔 제조 시에 600ml의 피처를 사용하며, 250ml의 우유를 담는다.

스티밍에 사용하는 우유는 4℃ 이하의 냉장 보관한 차가운 우유를 준비하는 것이 좋다. 차갑지 않을 경우 우유의 온도가 급격하게 상승하며, 우유의 온도가 40℃를 넘어가면 단백질 변성이 시작되어 그 이상의 온도가 되면 안정적인 거품이 형성되지 않는다.

피처에
우유 담기

우유의 단백질 성분은 표면 장력을 떨어뜨리는 역할을 하는 것과 동시에 지방과 함께 공기방울에 흡착하여 공기방울의 유지력을 높여주는 역할을 한다. 따라서 지방 성분이

없거나 적으면 거품이 오래 유지되지 못하고 밀도가 떨어진다. 따라서 폼의 질과 유지력을 올리기 위해서 저지방이나 멸균우유보다는 일반적인 우유를 사용한다. 유지방은 거품에 탄력을 주며 벨벳밀크를 오래 지속시켜준다.

② 스팀노즐의 물 빼주기

스팀노즐에는 커피머신 내부의 보일러의 압력과 증기의 작용에 의해 응결된 약간의 물이 들어 있다. 스티밍 전 이 물을 빼주지 않으면, 스티밍 과정에서 우유에 물이 섞여 우유의 농도를 연하게 하여 맛의 변화를 유발할 수 있다. 따라서 스팀밸브를 작동시켜 수분을 2~3초 정도 분출시킨다.

스팀밸브
열기

③ 공기주입 및 회전

스팀노즐을 우유 표면에서 1cm 정도 담근 상태에서 스팀밸브를 열어준다. 이때 노즐을 담그고 시작하는 이유는 스팀이 분사되는 노즐 팁 끝부분이 우유 표면에 가깝게 노출되어 있으면 압력으로 인해 분사되는 공기압으로 인해 거친 거품이 생성되기 때문이다.

스팀이 나오기 시작하면 스팀피처를 살짝 내려 스팀노즐의 가장 끝부분이 우유 표면에 닿도록 한다.

스팀노즐은 칙칙 소리를 내며 주변의 공기를 우유 안으로 끌고 들어가며 미세한 거품이 생성된다. 우유는 거품을 함유하면서 부피가 늘어나 점차 표면이 위로 올라오게 되는데, 스팀노즐이 잠기지 않도록 스팀피처를 표면이 올라오는 만큼 아래로 내려 스팀노즐은 계속 표면에 위치하도록 한다.

우유의 온도가 올라 40℃에 이르게 되면 공기주입을 멈추고 주입된 공기와 데워진 우유가 혼합되도록 롤링(rolling)을 시켜준다.

주로 가벼운 공기방울은 피처 내부에서 위에 위치하는데 스팀노즐을 위에 위치시켜 공기방울을 밑으로 내려가며 소용돌이치게 하여 더 잘게 분쇄하면서 우유와 혼합되도록 한다.

주의할 점은 노즐이 너무 깊이 잠기면 상부의 롤링이 원활치 않아 우유와 우유거품이 분리될 수 있다는 것이다. 특히 우유와 우유거품이 분리되지 않도록 적정 온도에 도달할 때까지 우유의 상단부와 하단부가 같이 롤링되도록 한다.

공기
주입

손을 피처 표면에 댔을 때 참을 수 없을 정도로 뜨겁다고 느껴지는 정도가 되면 70도 가까이 올라간 상태이다. 그 이전 65도 정도에서 마무리를 짓고 스팀노즐을 제거한다. 이때 스팀노즐을 잠그지 않고 빼게 되면 공기가 표면에 튀어 벨벳밀크가 망가지므로 반드시 스팀노즐을 먼저 잠근 다음에 노즐을 제거한다.

④ 스팀노즐 표면 닦아주기

스티밍 작업이 완료된 후에는 신속하게 스팀노즐을 청소하도록 한다. 노즐에 묻어 있던 우유 잔여물은 열에 의해 금방 굳어버리며 노즐 안쪽이나 틈에 끼어서 제거되지 않은 우유는 변질과 부패의 우려도 있기에 사용 즉시 신속하게 제거토록 한다. 노즐 내부에 묻어 있던 우유를 제거하기 위하여는 스팀을 충분히 분사해주고 외부는 젖은 행주로 꼼꼼하게 닦도록 한다. 매일 영업 마감 시 노즐 안에 있는 우유를

노즐
닦기

더 잘 제거하기 위해서는 스팀피처에 깨끗한 물을 받아 노즐을 담그고 밸브를 열었다 닫았다를 반복한 후 충분히 스팀을 분사해 주면 노즐이나 노즐 끝에 있는 팁이 좀 더 청결히 청소가 된다.

3 라떼아트

1 라떼아트란?

라떼는 우유, 아트는 예술을 뜻한다. 커피의 심장인 에스프레소에 부드럽고 크리미한 우유와의 만남을 예술로 표현한 하나의 작품이라고 할 수 있다.

바리스타 추출동작의 기술적인 면과 함께 라떼아트(latte art)로 시각적인 즐거움을 고객들에게 제공하는 것이며 바리스타만의 예술적인 스킬을 보여줄 수 있는 것이기도 하다.

에스프레소의 생명과도 같은 요소인 크레마에 벨벳밀크로 스티밍된 고운 우유가 결결이 들어가 만들어지는 밀크 기반의 음료는 바리스타의 예술적 감각이 표현되는 것뿐만 아니라 최상의 고운 우유거품과 최적의 크레마 상태로만 만들어지는 경쟁력 있는 메뉴라 할 것이다. 단순한 에스프레소 기반의 메뉴나 시럽 등의 향이 강한 재료가 들어가는 메뉴는 바리스타 고유의 영역이 발휘될 부분이 상대적으로 적다.

2 라떼아트의 3요소

1) 크레마

크레마란 커피머신에서 에스프레소 추출 시 순간적인 높은 압력으로 생성되는 오일 성분의 황금색 거품을 말한다.

라떼아트를 위해서는 필수적으로 안정적이면서 풍부한 크레마가 필요하다. 갓 볶여서 나온 원두는 가스 성분을 많이 함유하고 있어 크레마 거품의 두께는 두터우나 거칠고 안정성이 떨어진다. 또한 로스팅된 지 오래된 원두는 크레마의 거품층이 얇을뿐더러 지속성도 떨어진다. 크레마가 좋지 않으면 우유가 크레마를 유지시켜 주지 못하고 섞여 버리기 때문에 항상 크레마의 상태에 신경을 써야 한다.

2) 벨벳밀크

우유 안에 들어 있는 유지방은 공기와 결합하지 못하지만 스팀이 들어가 온도가 높아지면 세포벽 사이로 단백질이 녹아나오면서 지방과 공기를 같이 감싸게 된다. 이렇게 미세한 공기방울을 끌어안은 벨벳밀크는 가벼워서 지방 성분인 크레마 위에 뜨게 된다. 우유 거품은 간단히 그림을 그리는 중요한 도구이다. 선명한 그림을 그리기 위해선 벨벳 거품도 빠질 수 없는 한 가지인데 시럽을 첨가하지 않아도 고소하고 부드러운 거품을 내는 것도 바리스타로서 잊지 말아야 할 부분이다.

커피 잔 위에 뜨는 거품은 미세한 손놀림으로 그림의 형상을 갖추기도 하고 패턴을 형성하기도 한다.

3) 스킬

바리스타는 고객이 시각적으로 먼저 즐거움을 느낄 수 있게 정확한 원리와 방법 그리고 학습으로 자신만의 아트적인 영역의 스킬 향상을 위해 끊임없이 노력해야 한다. 하나라도 소홀함이 없이 마음을 다해야 한다.

③ 라떼아트 방법

라떼아트는 잔의 모양, 우유를 붓는 높이, 우유가 크레마 사이로 들어가는 유량, 유석, 우유거품의 질, 바리스타의 핸들링 등에 따라 다양한 형태의 모습으로 나타난다.

우선 잔의 모양이 너무 깊은 경우는 다양한 형태의 패턴이 어렵다. 그리고 잔의 하단부가 각이 져 있는 경우도 부드러운 유속을 방해하기 때문에 적당하지는 않다. 그렇지만 바리스타의 개인적 숙련에 따라 자신만의 라떼아트가 만들어질 수도 있다.

우유를 붓는 높이에 따라 우유거품을 크레마 밑으로 밀어넣는 단계와 크레마 위에서 원하는 모양을 내는 단계로 나눌 수 있다.

높은 위치에서 우유를 붓게 되면 낙하에 가속도가 붙어 강하게 크레마층을 뚫고 잔의 아래로 내려간다. 즉, 크레마 위에 모양이 얹히지 않고 아래쪽으로 우유가 들어가게

된다. 아래로 들어간 우유가 가지고 있는 가벼운 거품층은 크레마의 하부로 올라가 크레마와 섞이면서 안정화가 된다.

낮은 위치에서 우유를 붓게 되면 낙하에 속도가 붙지 않기 때문에 그대로 크레마층 위에 얹히게 되어 크레마와 섞이지 않고 진한 갈색과 대비되는 하얀색의 무늬를 형성한다. 이때 바리스타의 손놀림에 따라 다양한 모양이나 패턴이 형성된다.

따라서 처음에는 어느 정도 높은 위치에서 우유를 부어 커피잔의 절반 이상을 채우고 다시 위치를 낮추어 부으면서 모양을 만들어 나가는 것이다.

1) 하트

❶ 스팀피처를 잔 위에 위치시켜 0.5cm의 굵기로 크레마가 안정화되도록 천천히 붓는다.

❷ 잔의 중간 정도까지 벨벳밀크가 올라차면 스팀 피처를 잔에 거의 닿을 정도의 위치까지 내려 1~1.5cm 정도의 굵기로 조심스레 크레마 위로 우유를 얹는다. 이때 붓는 시작점은 잔의 중간 아래 지점이다.

❸ 스팀피처의 각도를 컵 쪽으로 기울여 우유가 크레마 위에서 원형을 그리면서 퍼져나가게 한다.

❹ 시작점을 중심으로 조금 밀어올리는 느낌으로 피처 끝과 우유의 중심 부분을 끌고가는 느낌으로 부어주며 잔을 수평으로 세운다.

❺ 완성된 면하트

2) 결하트

❶ 스팀피처를 잔 위에 위치시켜 0.5cm의 굵기로 크레마가 안정화되도록 천천히 붓는다.

❷ 잔의 중간 정도까지 벨벳밀크가 올라차면 스팀 피처를 잔에 거의 닿을 정도의 위치까지 내려 1~1.5cm 정도의 굵기로 조심스레 크레마 위로 우유를 얹는다. 이때 붓는 시작점은 잔의 중간 아래 지점이다.

❸ 스팀피처를 좌우로 천천히 흔들어준다. 자연스 럽게 우유가 크레마 위에서 결이 만들어지면서 퍼져나가는 것이 보인다.

❹ 시작점에서 조금 밀어올리는 느낌으로 계속 S자 로 흔들어주며 잔의 위로 음료가 올라옴에 따라 잔을 수평으로 세워준다.

❺ 완성된 결하트

3) 로제타

❶ 스팀피처를 잔 위에 위치시켜 0.5cm의 굵기로 크레마가 안정화되도록 천천히 붓는다.

❷ 잔의 중간 정도까지 벨벳밀크가 올라차면 스팀 피처를 잔에 거의 닿을 정도의 위치까지 내려 1~1.5cm 정도의 굵기로 조심스레 크레마 위로 우유를 얹는다. 이때 붓는 시작점은 잔의 중간부 분 약간 위에서 시작한다.

❸ 스팀피처를 좌우로 천천히 흔들어준다. 자연스 럽게 우유가 크레마 위에서 결이 만들어지면서 퍼져나가는 것이 보인다.

❹ 하트와는 반대로 시작점에서 아래로 내려가면 서 계속 S자로 흔들어준다. 이때 잔의 기울기는 거의 수평상태이다.

❺ 마지막으로 5mm 이하의 가는 줄기로 스팀피처 를 잔의 끝 위로 끌어올리듯 부으며 마무리한다.

4) 튤립

❶ 스팀피처를 잔 위에 위치시켜 0.5cm의 굵기로 크레마가 안정화되도록 천천히 붓는다.

❷ 잔의 중간 정도까지 벨벳밀크가 올라차면 스팀피처를 잔에 거의 닿을 정도의 위치까지 내려 1~1.5cm 정도의 굵기로 조심스레 크레마 위로 우유를 얹는다. 이때 붓는 시작점은 잔의 중간지점에서 시작한다. 하트를 그릴 때처럼 좌우로 약간의 핸들링을 하며 소량을 붓는다.

❸ 한 템포씩 끊어서 처음에 부은 위치에서 약간 떨어진 위치에 한 덩어리의 벨벳밀크를 툭 하고 밀어 떨어뜨리는 느낌으로 잔의 표면 위치에서 부으며 앞으로 밀어 하트를 만든다.

❹ 또 한 템포 띄워서 두 번째 부은 위치에서 조금 더 아래쪽으로 떨어진 위치에 한 덩어리의 벨벳밀크를 툭 하고 밀어넣어 떨어뜨리는 느낌으로 잔의 표면위치에서 부으며 앞으로 밀어 하트를 만든다.

❺ 완성된 튤립

5) 프리푸어링

    단어 그대로 어떠한 패턴에 의하지 않고 바리스타가 마치 예술작품을 만들거나 그림을 그리듯 창의성을 가지고 스팀밀크를 커피잔에 부어 나가며 그림을 그리는 기법이다.

    벨벳밀크의 거품이 적당하고 에스프레소의 크레마가 충분하다면 잔 위에 부은 우유가 흐르지 않고 그대로 떠 있거나, 바리스타가 미리 예측한 정도로 흘러 좌우가 비대칭한 그림을 그릴 수 있다.

    잔을 기울이는 각, 스팀피처의 높이, 들이붓는 우유의 굵기와 양, 우유를 붓는 잔의 위치 등을 이용해 다양한 그림을 그려낸다.

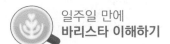

일주일 만에
바리스타 이해하기

CHAPTER

05

메뉴

커피머신을 활용하여 제공되는 메뉴의 가장 큰 장점은 에스프레소를 사용하여 다양한 메뉴를 만들어 낼 수 있다는 것이다. 에스프레소의 농도와 양만을 조절하여 제공하는 기본 메뉴와 에스프레소에 우유, 시럽, 토핑 등 다양한 부재료를 첨가하여 만드는 베리에이션(variation) 메뉴로 크게 구분할 수 있다.

① 에스프레소 기본 메뉴

① 카페 리스트레토

'Ristretto'는 제한된 이라는 의미이다. 카페 리스트레토는 에스프레소보다 짧은 시간 추출한 양이 적은 에스프레소를 말한다. 일반적으로 10~15초 동안 약 15~20ml 정도를 추출한다.

② 카페 에스프레소

카페 에스프레소는 20~30초 동안 25~30ml 정도 추출된 커피를 말한다.

3 카페 룽고

'lungo'는 길다는 의미로 카페 룽고는
일반적인 에스프레소보다 추출 시간을 길
게하여 50~60ml 추출한 커피를 말한다

2 에스프레소 베리에이션 메뉴

1 아메리카노

아메리카노(americano)는 에스프레소와 물을 희석하여 마시는 커피를 말하며, 미국에
서 처음 시작되어 아메리카노라 불리고, 우리나라에서는 카페 메뉴 중 가장 많은 판매
량을 차지하는 커피이다.

에스프레소에 사용되는 원두의 종류와 사용하는 물의 양에 따라 각기 다른 농도와
맛을 낸다.

• 10oz
• 에스프레소 30ml
• 온수 240ml

❶ 잔에 에스프레소를 넣는다.
❷ 뜨거운 물을 넣는다.

· 14oz
· 에스프레소 60ml
· 얼음 160g
· 정수 200ml

❶ 잔에 얼음을 채운다.

❷ 차가운 물을 넣는다.

❸ 에스프레소 shot을 넣는다.

아메리카노(americano)와 롱블랙(long black)

아메리카노와 롱블랙은 들어가는 재료와 양은 동일하며 제조방법과 순서 그리고 맛에 있어서 미묘한 차이가 있다.

롱블랙은 호주, 뉴질랜드 및 영국 등 유럽문화권에서 주로 사용하는 이름이다. 커피의 크레마를 중시하는 해당 문화권에서 제조방법의 변형이 생긴 것으로 본다.

아메리카노는 잔에 에스프레소를 넣은 상태에서 물을 채운다. 롱블랙은 잔에 물을 넣은 상태에서 에스프레소를 나중에 붓기 때문에 물의 표면 위에 크레마가 남아 있게 된다. 따라서 첫 모금을 마셨을 때 롱블랙이 조금 더 진하게 느껴지고 전체가 희석된 아메리카노는 부드럽게 느껴지는 미묘한 차이가 있다. 현재 우리나라 카페에서는 이 두 메뉴를 크게 구분하지 않고 사용하고 있다

② 카페라떼

카페라떼(cafe latte)는 에스프레소에 우유를 넣어서 먹는 대표적인 메뉴로 '라떼'는 이 탈리아어로 우유를 뜻한다. 카페라떼는 에스프레소의 고유의 맛과 향, 부드러운 벨벳밀 크가 조화를 이루는 커피로 에스프레소와 우유의 비율에 따라 다양한 맛을 표현할 수 있으며, 보통 에스프레소의 양에 5배 정도의 우유를 넣어서 고소한 맛을 살린다.

- 10oz
- 에스프레소 30ml
- 우유 240ml

❶ 잔에 에스프레소 1shot을 넣는다.
❷ 65~68℃로 스티밍한 우유를 부어준다.

- 14oz
- 에스프레소 60ml
- 얼음 160g
- 우유 200ml

❶ 유리잔에 얼음을 160g 채운다.
❷ 우유를 200ml 넣는다.
❸ 에스프레소 2shot을 넣는다.

③ 카푸치노

카푸치노(cappuccino)는 이탈리아의 대표적인 커피메뉴로, 에스프레소에 스팀우유를 넣 고 우유거품을 올린 커피이다. 기호에 따라서 시나몬파우더, 코코아파우더 등을 뿌려 마 시기도 한다. 카페라떼와 카푸치노의 차이는 시나몬 파우더로 알지만 사실은 거품과 우 유의 양에 따라 맛이 다르다는 것이 포인트다.

- 10oz
- 에스프레소 30ml
- 우유 240ml

❶ 잔에 에스프레소 1shot을 넣는다.
❷ 65~68℃로 스티밍한 우유를 부어준다.
❸ 스팀피처의 각도를 잔 쪽으로 기울여서 전체의 1/3은 우유폼이 얹어지도록 푸어링한다.
❹ 시나몬파우더나 초코파우더로 토핑한다.

④ 카페비엔나

카페비엔나(cafe vienna)는 에스프레소에 뜨거운 물을 넣고 생크림을 얹은 커피이다. 비엔나커피, 아인슈페너 등으로 불린다. 아인슈페너는 '말 한 마리가 끄는 마차'라는 뜻으로 과거 오스트리아의 마부들이 달콤한 커피를 한 손으로 마시기 위해 고안했던 메뉴에서 기원하며, 이후 대표적인 오스트리아 커피메뉴가 되어 카페비엔나로 불리게 되었다.

- 10oz
- 에스프레소 60ml
- 얼음 80g
- 정수 80ml
- 크림 40g

❶ 잔에 얼음 80g과 정수 80ml를 넣는다.
❷ 에스프레소 2shot을 넣는다.
❸ 크림폼을 40g 얹어준다.

⑤ 플랫화이트

라떼에 비해 진한 커피와 적은 양의 우유를 넣는 메뉴로 에스프레소의 진한 맛과 부드러운 우유를 함께 즐길 수 있는 메뉴이다. 스팀우유의 온도는 라떼보다 낮은 60℃로 하며, 내열유리잔을 사용하여 스티밍한 벨벳밀크 층이 보이도록 푸어링한다. 이때 우유 폼은 묽고 가볍게 내어 첫 모금을 마셨을 때, 에스프레소의 진한맛을 고소한 스팀밀크가 부드럽게 받쳐주는 밸런스를 유지하도록 한다.

- 내열유리잔 8oz
- 에스프레소1shot
- 우유 190ml

❶ 잔에 에스프레소 1shot을 넣는다.
❷ 60℃로 스티밍한 우유를 넣는다.

- 내열유리잔 8oz
- 에스프레소1shot
- 얼음 100g
- 우유 120ml

❶ 잔에 얼음 100g을 넣는다.
❷ 우유 120ml를 넣는다.
❸ 에스프레소 1shot을 넣는다

③ 커피 칵테일

① 아이리시커피

아이리시커피(irish coffee)는 커피에 위스키를 넣어서 만든 칵테일 커피이다. 도수 높은 위스키가 들어 있어 몸을 따뜻하게 하며, 위에 올린 생크림이 부드럽게 입안을 감싼다.

- 레몬즙 약간
- 황설탕 약간
- 위스키 30ml
- 에스프레소 1shot
- 뜨거운 물 100ml
- 생크림 약간

❶ 잔 테두리에 레몬즙과 황설탕을 순서대로 묻힌다.
❷ 위스키를 넣는다
❸ 에스프레소를 넣는다.
❹ 뜨거운 물을 넣는다.
❺ 생크림을 넣는다.

② 화이트 러시안 카페

인기 있는 클래식 칵테일인 블랙러시안에 크림이나 우유를 첨가하면 부드러운 화이트 러시안 카페(white russin cafe)를 즐길 수 있다. 여기에 에스프레소와 베일리스를 첨가하여 커피향을 함께 즐길 수 있는 메뉴이다.

- 보드카 40ml
- 깔루아 10ml
- 에스프레소 30ml
- 베일리스 30ml
- 우유 120ml

❶ 하이볼 글라스에 얼음과 에스프레소를 넣는다.
❷ 1에 보드카, 깔루아, 우유를 넣고 잘 섞어준다.
❸ 2에 베일리스를 넣는다.

3 롱아일랜드 아이스커피

미국에서 대중적으로 즐기는 롱아일랜드 아이스커피(long island ice coffee)는 3~4가지 스피릿에 술, 레몬 또는 라임, 콜라를 넣어서 먹는다. 롱티에 커피칵테일인 깔루아와 더치커피를 넣어 상큼하고 달짝지근한 향과 맛을 즐길 수 있는 메뉴이다.

롱아일랜드
아이스
커피

- 보드카 15m
- 진 15ml
- 럼 15ml
- 데킬라 15ml

- 깔루아 15ml
- 라임주스 10ml
- 더치커피 120ml
- 가니시: 라임/레몬타임

❶ 셰이커에 더치커피를 제외한 모든 재료를 넣는다.
❷ 1에 얼음을 넣어 부드럽게 흔든다.
❸ 칠링된 잔에 얼음과 2를 넣는다.
❹ 3에 더치커피를 섞어 라임과 타임으로 장식한다.

4 시그니처 메뉴

1 시그니처 메뉴란?

우리의 일상 소비 생활에서 시그니처라는 용어는 어떤 대상을 대표하거나 특징할 만한 것에 사용한다. 'Signature'의 사전적 의미는 서명 또는 특징을 말하며, 카페에서는 시그니처 음료가 대표메뉴로서 카페의 전체적인 분위기와 정체성을 드러내는 역할을 하며, 마케팅의 수단으로도 활용되고 있다.

② 시그니처 메뉴의 레시피 디자인

시그니처 메뉴를 만들 때 가장 먼저 고려해야 하는 것은 주변상권의 특징과 주 고객층의 특성을 파악하는 것이다. 다음으로 주요재료를 선택하고 비주얼과 맛을 구체화하는 과정을 거친다.

메뉴 디자인 시 가장 쉽게 접근할 수 있는 방법은 매장의 특징 한 가지를 선택하여 그 이미지를 메뉴와 결합시키는 것이다. 예를 들어 숲속 정원이 특징인 카페라면 초록색 이미지를 떠올리게 하는 쑥이나 말차를 활용한 메뉴를, 플라워 카페라면 식용꽃을 활용한 메뉴를 시도해 볼 수 있다.

시그니처 메뉴의 메인 재료를 고를 때는 특색 있는 재료라 하더라도 수급이 안정되지 않거나 구매 비용의 변동이 많은 재료는 피하는 것이 좋다. 시그니처 메뉴는 한 매장을 대표하는 메뉴로서 고객이 방문했을 때 재료의 품절 없이 꾸준하게 만들 수 있는 음료여야 한다.

시그니처 메뉴의 부재료는 맛과 비주얼을 돋보이게 하는 재료로 선택하고 제조 과정의 단순화와 효율성을 위해 시판 시럽과 소스를 활용하는 방법, 기존 다른 메뉴와 중복해서 사용하는 방법도 고려해보아야 한다.

③ 시그니처 메뉴의 비주얼 디자인

최근 소셜 미디어의 발달로 이미지의 중요성이 점점 커지면서 메뉴 개발에 있어서도 비주얼라이징이라고 하는 시각화 작업이 핵심적인 부분으로 여겨지고 있다. 손님의 기대감을 충족시키면서도 음료의 퀄리티를 놓치지 않는 비주얼라이징은 가니시를 활용하는 방법, 레이어드 기법의 사용, 제공되는 잔의 디자인 등을 고려한다.

1) 가니시

가니시는 음료를 완성한 후 식욕을 돋우기 위해 올리는 장식을 말한다. 흔히 가니시를 음료와 상관없는 별도의 장식쯤으로 생각하지만 알고 보면 가니시도 음료의 구성 요소 중 하나다. 일반적인 장식과 달리 가니시는 음료의 향미를 더하는 역할을 한다. 가니시

를 레시피의 한 부분으로 봐야 하는 이유도 이 때문이다. 가니시는 주로 색상 대비를 살리거나 포인트를 주는 용도로 활용하며, 라떼아트도 가니시의 일종으로 볼 수 있다. 쿠키나 파베 초콜릿 등 직접 만든 쁘띠 디저트를 가니시로 활용하거나 시나몬 스틱, 팔각향 등 향신료를 활용해 달콤하고 스파이시한 향을 더하는 방법도 있다. 이 밖에도 말린 과일, 원두, 솜사탕, 도넛 등 가니시로 활용할 수 있는 재료는 무궁무진하다.

2) 레이어드

최근 액체의 밀도차를 활용한 음료들이 인기다. 술의 도수와 시럽의 무게를 이용해 층을 만드는 칵테일 기법인 '플로팅'을 도입해 층을 이루거나 자연스레 섞이는 그러데이션 효과를 준 음료들이 눈에 띈다. 우유에 에스프레소 샷을 부어 만든 간단한 그러데

이션부터 시럽과 소스를 맨 밑에 둔 채 그 위로 에스프레소 샷이나 우유를 올린 메뉴까지 각양각생이다. 음료 전체에 번지는 파스텔 색감이 보는 사람의 마음을 훔치고, 에스프레소 샷과 우유가 어우러져 흘러 내리는 모습은 마치 한 폭의 그림을 감상하는 느낌마저 든다.

레이어드 음료를 선보이기에 앞서 반드시 고려해야 하는 배합 원칙은 '조화'다. 외양에 치중해 재료와 부재료를 섞다 보면 맛의 불협화음이 생길 수 있기 때문이다. 음료 본연의 맛을 해치지 않는 범위 내에서 추가 재료를 찾는 것이 우선이고, 재료 간 최고의 배합 비율을 찾는 것도 방법이다.

3) 잔

시그니처 메뉴에 확실한 정체성을 부여하기 위해 전용잔을 맞추거나 플레이팅에 변화를 준다. 얼린 더치커피와 큐프라떼처럼 녹여가며 마셔야 하는 음료의 경우 잔과 저그를 따로 제공하여 손님들이 마시기 쉽게 하기도 한다. 음료와 에스프레소를 따로 제공하면 각자 기호에 맞게 농도를 조절할 수 있고 직접 만들어 먹는 재미가 있으며, 음료에 에스프레소를 붓는 모습이 시각적 효과를 주기도 한다.

④ 시그니처 메뉴의 종류

1) 생민트라떼

민트 본연의 맛과 향을 더하고 생민트잎을 메인 재료로 한 메뉴이다. 민트잎의 청량함을 부드럽게 전해주는 우유와 설탕시럽은 음료 전체의 질감과 당도를 고려해서 조절하도록 한다. 생민트라떼는 색감과 비주얼 면에서 여름에 마시기 좋은 메뉴로, 민트잎의 상큼함과 설탕시럽의 달콤함의 밸런스가 특징이다.

- 우유 125ml
- 스피아민트 잎 50g
- 민트 시럽 10g
- 설탕 시럽 20g
- 에스프레소 2shot
- 얼음 155g

2) 애플베리에이드

무더운 여름에 시원하고 청량하게 마실수 있는 음료로 라즈베리에서 퍼지는 은은한 핑크빛의 색감이 돋보인다. 파인애플청의 달콤함과 생레몬즙의 밸런스를 통해 새콤달콤한 맛을 완성한다.

- 얼음 150g
- 냉동 라즈베리 30g
- 탄산수 190g
- 파인애플청 90g
- 로즈메리 약간
- 레몬타임 약간

3) 크림오트밀크라떼

건강과 웰빙과 관련된 이슈에 따라 두유, 오트우유, 아몬드우유 등 건강한 원재료를 활용한 우유들이 출시되고 있다.

이러한 여러 종류의 우유를 바탕으로 한 에스프레소 베이스의 베리에이션 메뉴는 개인의 취향을 반영해 다양한 커스텀 메뉴로 개발이 가능하며, 이 중에서 부드러운 크림과 밸런스가 가장 좋은 오트우유는 그래놀라와 견과류 등의 가니시와 함께 곁들이면 고소함이 극대화된다.

- 얼음 150g
- 오트밀크 200ml
- 크림폼 60g
- 그래놀라 10g

CHAPTER

06

바리스타와
카페서비스

1 바리스타의 정의 및 역할

바리스타(barista)는 '바(bar) 안에 있는 사람'이란 뜻으로 이탈리아어에서 유래되었다. 우리나라 커피매장에서의 바리스타는 커피를 추출하고 각종 메뉴를 제조하는 사람을 총칭하는 의미로 사용되며, 현재 우리나라의 카페문화의 다양성과 확장성에 발맞추어 매장 내의 바리스타의 역할도 확장되고 있는 추세이다.

바리스타는 바 안에서 제공되는 커피와 다양한 메뉴의 품질관리, 커피를 판매하는 매장의 관리, 고객서비스 더 나아가 매출과 마케팅까지 관리하는 전문적인 매니저의 개념으로 확장되고 있다.

2 카페서비스

1 서비스란?

"아메리카노를 구매하면 쿠키를 서비스로 드립니다."
"저 카페는 서비스가 좋아"

우리는 일상에서 흔히 '서비스'라는 용어를 사용하고 있다. 위의 예시처럼 "쿠키를 서비스로 드립니다"라는 말에서 서비스는 "어떤 제품을 구입할 때 무상으로 함께 제공되

는 것"을 의미하며, "카페의 서비스가 좋다"라는 말에서의 서비스는 '손님을 대하는 자세와 태도'를 뜻하기도 한다. 이처럼 우리가 일상생활에서 무심코 사용하는 '서비스'라는 용어는 대가를 지불하는 고객과 제공자와의 상호작용을 의미하며, 이러한 긍정적인 상호작용을 통해 고객의 요구와 문제를 해결해주는 일련의 활동이라고 할 수 있다.

2 카페서비스

카페에서의 서비스는 고객이 입점해서 메뉴를 선택하기 전까지의 매장의 준비상태, 메뉴를 주문받는 과정에서의 직원의 준비상태 및 태도, 메뉴를 소비하고 퇴점할 때까지의 전 과정이 포함된다.

카페를 방문한 고객은 음료, 공간, 분위기 등 개개인의 다양한 필요에 의한 어떠한 기대를 하고 그에 대한 비용을 지불한다. 고객은 매장에 입점한 순간부터 퇴점할 때까지 기대한 것에 대한 비용지불과 만족 사이에서 끊임없이 평가하게 되며 그 내용을 주변에 전파한다. 이처럼 카페에서의 서비스는 고객의 기대에 따른 만족, 그에 따른 평가가 연결되어 지속적인 수익창출에 직접적으로 연결되어 있다고 할 수 있다. 따라서 대가를 지불하고 카페에 방문하여 음료를 마시고, 공간을 즐기는 고객에 대해 그에 따른 책임감과 성의 있는 태도로 고객의 요구에 응답해주는 서비스가 필요하다.

3 고객응대

고객이 편안함을 느낄 수 있도록 친근하지만 과하지 않은 태도로 손님의 요구에 최대한 빠르게 응대하는 것을 원칙으로 한다.

① 고객입점 시

> " 안녕하세요. ○○○(카페이름)입니다."

- 손님 입점과 동시에 눈을 마주치며 인사한다.
- 직원이 여럿일 경우 제일 먼저 인사한 직원 다음으로 자연스럽게 이어서 인사를 복창한다.

② 메뉴주문 시

> "안녕하세요. 주문도와드리겠습니다."

- 메뉴를 고르는 고객에게 재촉하는 듯한 인상을 주지 않도록 주의하며, 고객이 음료를 선택했다고 생각되면 눈을 보고 인사를 건넨다
- 고객이 음료를 선택하지 못하고 있을 경우" 필요하시거나 찾으시는 음료 있으세요? 라고 정중히 물은 후, 메뉴 설명과 함께 음료 선택을 돕는다.

③ 메뉴픽업 시

> "주문하신 메뉴 나왔습니다. 감사합니다. 맛있게 드십시오."
> "음료가 뜨거우니 조심히 가져가 주세요."

- 진동벨을 받을 준비를 한 상태에서 손님과 눈을 마주치고 웃으면 인사하다.
- 음료가 많아 메뉴가 혼동 될 때에는 각각의 음료에 대한 설명을 제공한다.
- 뜨거운 음료가 제공되거나, 주문된 메뉴가 많아 서빙트레이가 무거울 경우 고객이 주의를 기울 일 수 있도록 한 번 더 설명한다.

④ 고객퇴점 시

> "감사합니다. 안녕히가십시오."

- 각각의 고객의 퇴점 동선의 마지막에 인사를 한다.
- 잠시 매장밖으로 나가는 경우나 다시 들어 오는 경우라고 생각되면 부담스러워하지 않도록 인사는 생략할 수 있다.

⑤ 전화응대 시

> " 감사합니다. ○○○(카페이름)입니다."

- 고객의 기본적인 전화 문의사항에 대해 사전에 숙지하고 있도록 한다.
  ex) 매장운영시간, 주차관련안내, 판매매뉴에 대한 설명 등등
- 매장상황에 따라 전화고객이 기다려야 할 경우 정중하게 "잠시만 기다려주시겠습니까?"라고 양해를 구한 후 다시 신속하게 응대한다.
- 고객의 말을 경청한 후 대답은 신속 정확하고 간단 명료하게 한다.
- 고객의 문의사항을 바로 해결 할 수 없을 경우 메모를 통해 상급자에게 전달하고 해결하여 반드시 고객에게 피드백 될 수 있도록 한다.

④ 주문과 제공

현재 거의 모든 카페에서는 메뉴와 가격이 프로그래밍 되어 있는 터치키 포스 시스템을 사용하고 있다. 주문받기와 제공하기에 앞서 판매하고 있는 모든 메뉴의 명칭과 특징 터치키의 위치를 숙지하도록 한다.

1 주문접수

☕ 인사

"안녕하세요. 주문 도와드리겠습니다."

☕ 메뉴확인

주문한 메뉴의 핫/아이스 구분, 주문한 메뉴의 수량은 필수로 확인하도록 한다.

- "아이스 아메리카노 맞으실까요?"
- "아메리카노 3잔 맞으실까요?"

☕ 포장확인

- "메뉴는 드시고 가시나요?"
- "테이크아웃으로 해드릴까요?"

☕ 재확인 후 결제

주문한 메뉴를 고객과 한 번 더 확인 후 결제금액을 안내한다.

- " 뜨거운 아메리카노 1잔, 아이스 아메리카노 2잔, 총액 15,000원 되겠습니다."
- (현금일 경우) "현금영수증 발행해드리겠습니다."

☕ 마무리

진동벨을 건네며 픽업데스크 방향을 가리키며 멘트를 한다.

- "메뉴가 준비되면 진동벨로 알려드리겠습니다."
- "진동벨이 울리면 오른쪽(손님 기준 방향) 픽업데스크에서 준비해드리겠습니다."

② 메뉴제공

☕ 메뉴확인

- 고객에게 픽업요청을 하기 전에 주문서의 메뉴가 빠짐없이 나왔는지 체크한다.

☕ 상태확인

- 메뉴가 빠짐없이 나왔다면 제조된 메뉴의 완성도 여부(가니시, 음료의 양)를 체크한다.
- 픽업준비: 필요한 식기와 냅킨 등을 챙겨 트레이에 음료와 함께 세팅한 후 진동벨 호출을 한다.

☕ 제공하기

- 주문서의 호출번호와 고객이 가져온 진동벨의 일치여부를 확인한다.
- " 주문하신 메뉴 나왔습니다. 맛있게 드십시오."

⑤ 컴플레인 응대

컴플레인의 발생원인으로는 고객과의 충분하지 못한 커뮤니케이션과 고객의 기대에 부응하지 못하는 메뉴 및 서비스의 제공, 직원의 부주의 등이 될 수 있다. 컴플레인이 발

생되면 빠른 시간 내에 조치를 취하고, 친절함을 기반으로 긍정적인 자세로 응대하며, 고객에게나 다른 직원에게 책임을 전가하는 태도를 보이지 않는 것이 좋다.

컴플레인의 해결을 위해서는 고객의 입장에서 고객을 위한 방향으로 문제를 풀어 나가는 자세가 필요하다. "고객님께서 왜 화가 나셨는지 이해가 됩니다." 등의 고객의 불편한 감정에 공감을 표시하며, 고객의 마음을 풀어 준 다음 대화를 이끌어 나간다.

❶ 컴플레인 응대 3단계

1) 경청

고객과 눈을 마주치고 고객의 불만사항 또는 요구사항을 끝까지 듣는다.

2) 사과

고객의 말이 끝나면 진심을 담아 사과하고 해결방법을 찾아 조치할 것을 안내한다.

3) 해결

안내했던 해결방법을 실행에 옮기고 실행 후에는 고객의 요구사항이 원하는 대로 해결되었는지 확인한다.

❷ 컴플레인의 사례와 대처

1) 음료가 잘못 제공되었을 경우

손님을 기다리게 하지 말고 자리로 돌려보낸 후 우선적으로 음료를 만들어서 손님의 테이블로 가져다준다.

음료의 레시피가 잘못되었거나 손님의 입맛에 맞지 않을 경우 손님이 원하는 대로 음료를 다시 만들어서 제공하고 기호에 맞는지 확인한다.

2) 음료에 이물질이 들어갔을 경우

정중히 사과를 하고 서비스 메뉴와 함께 손님의 테이블까지 가져다준다.

3) 음료를 적정한 온도로 다시 요구할 경우

손님마다 음료를 마실 때 선호하는 온도가 다르기 때문에 다시 요구하는 경우가 있고, 마시는 동안 음료의 온도가 변하기 때문에 다시 요구하는 경우도 있다. 우선 음료가 제공된 후 오래 지나지 않았다면 음료를 새로 만들어서 제공하도록 한다. 시간 경과에 따른 온도변화는 얼음이나 뜨거운 물로 맞추도록 한다.

CHAPTER

07

커피기계 운용

① 커피그라인더 운용

 분쇄

원두를 분쇄(grinding)하는 것은 커피의 향미를 좌우하는 중요한 요소이다. 추출이란 물이 커피입자 속에 스며들어 커피 성분을 적절히 용해시켜주고 그에 따른 성분을 분리시켜 최대한 좋은 성분들을 끌어내는 것이다.

분쇄에서 중요하다고 생각하는 것은 열발생의 최소화, 분쇄된 커피입자 크기의 균일화이다.

커피는 갓 볶았을 때 신선하고 향기가 풍부한데, 분쇄를 통해 표면적이 넓어지므로 빠르게 향의 증발 및 산화 작용이 진행된다.

커피의 산패과정

증발 (evaporation) → 반응 (reaction) → 산화 (oxidation)

산화는 원두 상태일 때도 일어나지만 분쇄되어 표면적이 넓어지면 더욱 빠르게 진행된다. 분쇄 즉시 추출하는 것이 가장 좋은 향미를 느낄 수 있으며, 분쇄할 때도 산화 속도가 빠르게 진행되지 않도록 열발생이 적은 그라인더를 선택하면 더 좋을 것이다.

© www.hanol.co.kr

2 분쇄 방식과 종류

분쇄원리	방 식		
충격식 (impac grinding)	칼날형 (blade)	• 칼날이 회전되면서 원두에 충격을 가해 부수는 방식 • 충격을 주는 시간, 회전수가 증가할수록 분쇄입자도 가늘어짐 • 가격이 저렴함	
간격식 (gap grinding)	버형 (burr)	코니컬형 (conical burr)	• 다른 두 개의 입체형 칼날로 구성 • 절삭면보다 파쇄면이 많음 • 분당 회전속도가 평면형에 비해 상대적으로 적음 • 분쇄커피의 미분발생률 상승
		평면형 (flat burr)	• 같은 크기의 평면형 날이 상하로 구성 • 파쇄면보다 절삭면이 많음 • 분당 회전속도가 코니컬형에 비해 빠름 • 분쇄커피의 미분 발생률이 적음
	롤형 (roll cutters)	• 산업용에서 주로 사용하며 짧은 시간에 대량 분쇄 가능	

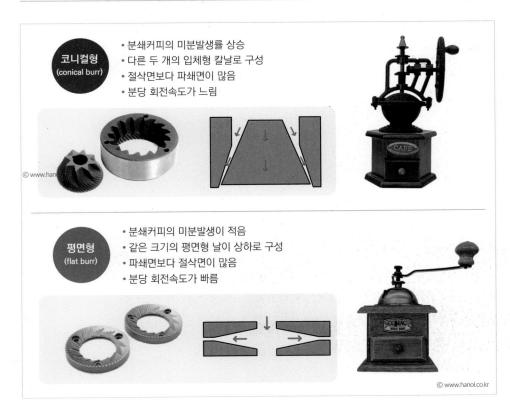

코니컬형 (conical burr)
• 분쇄커피의 미분발생률 상승
• 다른 두 개의 입체형 칼날로 구성
• 절삭면보다 파쇄면이 많음
• 분당 회전속도가 느림

© www.han

평면형 (flat burr)
• 분쇄커피의 미분발생이 적음
• 같은 크기의 평면형 날이 상하로 구성
• 파쇄면보다 절삭면이 많음
• 분당 회전속도가 빠름

© www.hanol.co.kr

분쇄의 종류

　　분쇄 입자가 가늘수록 커피의 성분이 많이 추출되며 입자가 굵을수록 물의 통과 시간이 빨라져 커피 성분이 적게 추출된다. 따라서 에스프레소와 같이 커피가 물과 접촉하는 시간이 짧을수록 분쇄 입자를 가늘게 해주어야 하며 그렇지 않으면 커피 성분이 적게 추출되어 과소 추출(under-extraction)이 된다. 반대로 프렌치 프레스처럼 물과 접촉 시간이 길수록 입자를 굵게 해주어야 하며 그렇지 않은 경우 커피 성분이 너무 많이 뽑혀 과다 추출(over-extraction)이 된다. 따라서 추출하고자 하는 기구의 특성을 고려하여 그에 맞는 크기로 분쇄를 해야 한다.

분쇄종류	아주 가는 분쇄 (very fine grind)	가는 분쇄 (fine grind)	중간 분쇄 (medium grind)	굵은 분쇄 (coarse grind)
굵 기	0.3mm 이하	0.5mm	0.5~1.0mm	1.0mm 이상
적 용	에스프레소	사이폰	드립식 추출	프렌치 프레스

③ 그라인더 부품설명

❶ **호퍼리드**(hopper lid)
　호퍼뚜껑

❷ **호퍼**(hopper)
　원두 담는 통(차광성 필요)

호퍼게이트(hopper gate) ❸

❹ **분쇄조절손잡이**

도저(doser) ❺
분쇄된 커피를 저장

❻ **도저레버**
　도저를 작동하기 위한 레버장치

❼ **전원 on/off 스위치**

받침대 ❽

4 그라인더의 분쇄도 조절

에스프레소 추출에는 내외부 환경의 변수가 존재한다. 산지별 특징, 품종, 로스팅 단계, 온도, 습도, 상태, 산패 정도 등에 따른 환경의 변수는 그라인더의 분쇄도를 조절하면서 조율을 해주어야 한다.

대부분의 그라인더는 시계방향으로 돌리면 분쇄도가 가늘어지고 반시계방향으로 돌리면 분쇄도가 굵어진다. 두 개의 날이 서로 밀착하여 분쇄되는 과정에서 시계방향으로 돌리면 나사가 들어가듯 두 날의 간격이 좁아지기 때문이다. 하지만 이 방법은 모두 통하지는 않는다. 제조사별 운용방법이 다르기 때문에 방향으로 기억하는 것보다는 분쇄 조절 손잡이에 있는 숫자로 조절하는 것을 권장한다. 숫자가 커질수록 분쇄도는 거칠거나 굵어지고, 숫자가 작아질수록 분쇄도는 곱게 가늘어진다.

5 그라인더의 분쇄순서

순서	방법
1. 호퍼게이트오픈	호퍼에 적절한 원두를 넣은 다음 호퍼게이트를 오픈한다.
2. 원두분쇄	스위치를 작동하면 원두가 분쇄된다. 한 꼬집 정도의 양만 분쇄하고 전원을 끈다.
3. 입자확인	손으로 입자의 크기를 확인한다.
4. 입자크기 조절	분쇄입자조절 손잡이를 이용하여 숫자가 낮은 방향으로 돌리면 입자가 가늘어지고 숫자가 높은 방향으로 돌리면 입자가 커진다.
5. 담기(dosing)	필터바스켓에 원두를 담을 때는 많은 양을 분쇄하지 않고 사용량만큼만 원두를 필터바스켓에 담는다.
6. 다지기(tamping)	필터바스켓에 담은 커피를 적절한 힘을 이용하여 필터바스켓 라인만큼 누른다.
7. 추출	포터필터를 그룹헤드에 신속히 장착하고 추출한다. 이때 설정한 시간과 양을 결정하고 추출하는 것이 바람직하다고 볼 수 있다.

6 그라인더의 유지보수

그라인더의 칼날은 커피찌꺼기, 커피오일로부터 자유롭지 못하다. 균일한 추출을 방해하며 날을 손상시키고 원두의 갈림 상태가 일정하지 않게 된다.

그라인더는 매일 청소하여 늘 청결한 상태를 유지하도록 하고 항상 균일한 추출이 이루어지도록 해야 한다. 단순히 외부만 깨끗이 하는 것이 아니다.

날을 완전히 분리해서 윗면과 아랫면, 찌꺼기가 많이 끼는 홈 부분이나 볼트 부분을 유의해서 청소하도록 하고 틈새에 끼어 있는 원두찌꺼기는 산패되어 추출되는 커피에 좋지 않은 향을 끼칠 수 있다.

매일 분해청소가 쉽지 않다면 옥수수, 곡식으로 만들어진 청소용 태블릿(tablet)을 호퍼에 넣고 이용하여 관리해보는 것도 괜찮은 방법이다.

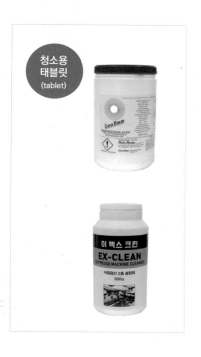

청소용 태블릿 (tablet)

 그라인더 칼날 교체주기

- 사용환경에 따라 다르지만, 하루 2~3kg 사용하였을 경우 6~7개월 정도이다.
- 64mm - 300~400kg
- 75mm - 400~500kg
- 83mm - 500~700kg

※ 평면날의 경우 상하 구분이 없기 때문에 그라인더 칼날 청소 시 상하위치를 교체해주면 그라인더의 고른 분쇄에 도움이 된다.

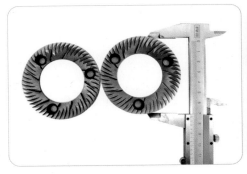

❶ 그라인더 칼날 크기를 확인한다.

❷ 그라인더 상부 칼날 청소

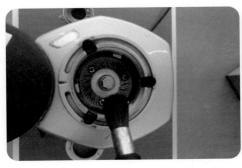

❸ 그라인더 하부 칼날 청소

❹ 상부하부 칼날 위치 변경

 에스프레소 머신 운용하기

1 에스프레소 머신의 종류

1901년에 이탈리아 밀라노 출신인 루이지 베제라(Luigi Bezzera)는 증기압으로 작용하는 초기 에스프레소 머신을 개발하고 이를 특허출원하였고, 현재는 사용하지 않는 방법이다. 1946년 가찌아(Achille Gaggia)는 추출압력을 높이기 위해 스프링 방식의 피스톤으로 스팀압력의 물을 실린더 안으로 밀어넣는 방법을 고안하였고, 이로 인해 크레마(crema)의 생성을 가능하게 했다. 현재까지 사용하는 에스프레소머신의 기본 작동원리이다.

1961년도에 FAEMA의 전기모터가 높은 수압을 생성하여 전기머신의 시작점이 되었으며, 현재도 일체형보일러에서 이 방식을 사용하고 있다.

커피머신의 종류	특성
수동식머신 (manual espresso machine)	• 바리스타가 피스톤의 물을 지랫대를 이용해 작동하여 추출하는 방식
반자동머신 (semi automatic espresso machine)	• 원두의 분쇄도와 포터필터 장착 정도를 제외하고는 대부분 전자장비에 의존함. 다양한 추출변수로 인하여 바리스타의 숙련기술이 필요함
자동머신 (automatic espresso machine)	• 그라인더가 내장되어 있고 버튼의 작동만으로 추출할 수 있다. 인건비의 절감효과와 표준맛을 요구하는 피시방, 소규모 베이커리카페에서 사용하고 있음

2 커피머신의 구조

① 전원버튼
② 컵워머
③ 온수버튼
④ 추출작동버튼
⑤ 스팀레버
⑥ 스팀완드(스팀파이프)
⑦ 온수노즐
⑧ 그룹헤드
⑨ 스팀, 추출수압력게이지
⑩ 보일러수위 표시계
⑪ 싱글포터필터
⑫ 더블포터필터
⑬ 드레인박스, 드립트레이

3 커피머신의 부품설명

- **컵워머** - 커피머신의 상부의 열을 이용해 컵의 온도 유지
- **추출작동버튼** - 워터펌프를 작동하기 위한 버튼, 커피추출버튼
- **스팀레버** - 수증기를 배기하고 닫을 때 작동시키는 밸브
- **스팀완드**(스팀파이프) - 수증기가 통과하는 파이프
  우유가 담기는 부분이며 거품 생성 후 스팀파이프에는 3~5cc 정도의 우유가 남아
  있을 수 있으므로 배출하기 위해 3초 정도 수증기를 분사한다.
- **온수노즐** - 뜨거운 물이 나오는 추출구
- **그룹헤드** - 추출수가 통과하는 곳이며, 열교환기의 뜨거운 물이 순환하는 곳으로
  일정한 온도를 유지하는 게 중요하다.
- **스팀, 추출수압력게이지** - 커피추출수압, 기압을 표시하는 게이지
  스팀압력(기압)의 방향은 0~3, '0'이 표시되어 있다면 가열이 되어 있지 않은 것이다.
  추출수압력은 0~15의 숫자로 표시되어 있으며, 직수연결이 되어 있는 머신은 자연
  압력이 2~3bar 정도가 정상범위이다.

- **보일러수위 표시계** - 보일러 내부의 물의 양을 표시하고 min~max로 표기하며, 강제급수를 통해 수위를 조절할 수 있다.
- **포터필터** - 한 잔 분량, 두 잔 분량의 커피추출용 홀더
- **드레인박스/드립트레이** - 커피머신에서 나오는 물을 받아 드레인박스로 흘려 보내기 위한 받침대

※ **커피머신 마감 시 찌꺼기가 쌓이지 않도록 2리터 정도의 물을 부어주도록 한다.**

4 **포터필터**(portafiter)

- **필터홀더**(filter holder) - 열보존율이 뛰어난 금속인 동으로 만들어졌으나 부식위험으로 크롬으로 도금함
- **필터홀더 스프링**(filter holder spring) - 필터고정 스프링
- **원컵 바스켓**(1cup basket) - 한 잔 추출용 바스켓
- **투컵 바스켓**(2cup basket) - 두 잔 추출용 바스켓
- **원컵 스파우트**(1cup spout) - 한 잔 추출용 추출구
- **투컵 스파우트**(2cup spout) - 두 잔 추출용 추출구

5 커피머신의 내부구조

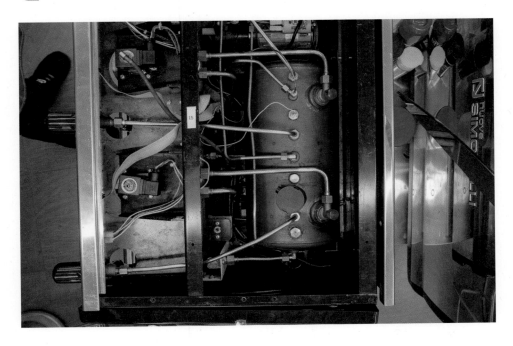

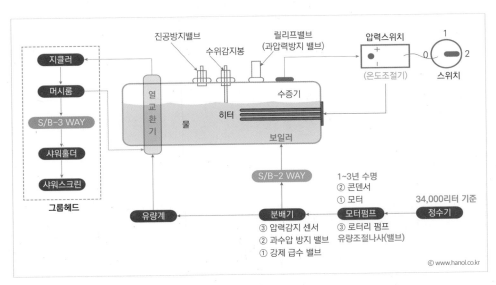

명칭	용도
워터펌프 (water pump)	• 에스프레소 추출 시 원하는 압력을 올려주고 유지해주는 역할을 한다.
커페시터 (capacitor)	• 워터펌프에 교류를 흘려보내 펌프의 시동역률을 개선용으로 사용한다.
유량계 (flow meter)	• 에스프레소 추출 시 입력된 물의 양을 감지한다. 유량계 안의 임팰라 회전
솔레노이드밸브 (solenoid valve) -3way	• 코일의 전자석을 활용해 전기가 들어오면 플린저를 움직여 물의 흐름을 제어하는 구조의 전자밸브이다. 추출수는 3wap 밸브이다.
솔레노이드밸브 (solenoid valve) -2way	• 보일러 내부로 물을 공급하고 차단하는 역할을 한다. 보일러 내부에 만수가 되는 경우, 2way 밸브의 이상확률이 높다.

명칭	용도
역류방지밸브 (check valve)	• 보일러의 열교환기로 입수한 뜨거운물이 다시 역류하는 것을 막아준다.
보일러 (boiler)	• 뜨거운 물을 만들어내고 보관하는 구조이다. 보일러의 구조는 일체형(단일형), 개별형(독립형)으로 분리할 수 있고, 분리하는 방법에 따라 온도제어하는 방식이 따르다.
수위감지봉 (water leverl probe)	• 보일러 내부의 물의 양을 감지하며, 금속면 피막에 스케일 및 단선이 되면 수위를 감지할 수 없다.
진공방지밸브 (vacum valve)	• 커피머신 가동 전 보일러 내부는 대기와 같은 압력의 공기로 차 있고, 가동 시 스팀이 발생되기 시작하면서 보일러 내부 차 있는 공기를 밖으로 배출시키는 역할을 하며, 만들어진 스팀의 압력이 외부로 유출되지 않게 해준다.
과압 방지밸브 (relief valve)	• 보일러 내부 압력이 1.4bar 이상 상승 시 보일러가 터지는 사고를 방지하는 안전장치이다. 과압 방지밸브가 작동하면 작동을 멈추고 원인을 찾아보고 관리자에게 연락해야 한다.

명칭	용도
히팅엘리먼트 (heating element)	• 동파이프 속에 절연재료로 싼 니크롬선을 봉입하였고, 최대가열 온도는 섭씨 350도씨이다. • 물속에서 발열하는 히터로 공기에 노출되면 부식, 연수기청소나 정수기 필터교환을 통해 최대한 방지해주며, 1~2년에 한 번씩 보일러 청소할 때, 스케일 제거도 함께 하는 것이 바람직하다.
과열방지기 (thermostat)	• 보일러 내부온도 이상으로 가열되면, 과열방지기가 작동되도록 하는 과열방지 안전장치이다.
보일러압력계 (boiler pressure manometer)	• 보일러 내의 압력을 수치로 나타내주는 게이지 • 보통 0~3단까지의 숫자로 표시 • 전원이 꺼져 있으면 '0'으로 위치(전원 off) • 정상적인 압력은 0.8~1.4bar를 유지
펌프압력계 (water pressure manometer)	• 수도의 압력과 펌프의 압력을 수치로 나타내어주는 장치(직수연결 시 2~3bar) • 커피추출 시 펌프의 압력을 표시해주는 펌프압력 게이지
과수압방지밸브 (relief valve)	• 직수연결 시 수압이 약 11bar 이상이 되면 자동으로 작동하는 안전밸브이다.
압력스위치 (pressure switch)	• 보일러 내부의 수중기 압력을 감지하며, 압력을 유지해주는 역할, 스프링의 압력으로 작동하는 원리이며, 접점에 찌꺼기가 많이 끼면 작동하지 않으므로 분리하여 깨끗하게 청소하면 재사용 가능

 단일형 보일러 VS 개별형 보일러

- 단일형 보일러는 스팀과 온수, 추출수가 하나의 보일러 안에서 생성되며, 별도의 히터가 필요 없다. 보급형 머신에서 많이 사용한다.
- 스팀과 온수를 함께 사용하므로 커피추출 시 온도가 급락해 그룹헤드를 번갈아가면서 사용하여야 한다.
- 온수를 많이 사용하면 냉수가 자동으로 유입되면서 커피추출물 온도가 급락한다.
- 커피추출수가 담겨 있는 열교환기 용량은 대략 300~550ml, 가급적 용량이 큰 것을 사용해야 안정적이다.
- 개별형 보일러는 1990년대부터 커피품종의 다양성으로 인해 발전할 수 있었다.
- 품종의 다양성으로 인한 각 보일러 내의 물온도를 설정하였고, 그로 인한 맛과 향을 최상으로 만들어내고 있다. 단일형 보일러 단점을 보완할 수 있는 머신이 개별형 보일러이다.

⑥ 커피머신의 유지보수

1) 그룹헤드 청소(역류세척)

커피의 오일과 스케일로 인한 커피품질의 일관성의 원인이 되므로 매일 마감 시 올바른 방법으로 청결을 유지해주어야 한다.

매일 머신의 사용을 마감할 때, 다음의 순서로 청결을 유지해보자.

※ **그룹헤드샤워홀더, 샤워스크린, 솔레노이드 3way 밸브 청소가 포인트라는 것을 잊지 말자.**

❶ 청소용 포터필터를 이용하여 전용세제를 넣고 그룹헤드에 장착한다.

❷ 약 20초간 추출버튼을 눌러 워터펌프를 작동시키고, 끄고 필터에 있는 물을 버리고 다시 20초간 작동시키는 행동을 4회 이상 진행한다.

❸ 헤드솔 또는 깨끗한 행주를 이용해 그룹헤드 안쪽 가스켓 부분을 세척해준다.

씨메머신의 경우

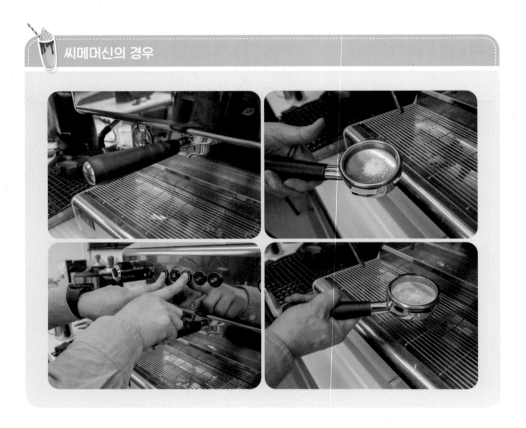

2) 스팀파이프 청소

스팀파이프 노즐팁 청소는 수시로 세척해주어야 한다.

우유 데우기 작업 후 스팀파이프에 잔여 우유량(3~5cc)이 남아 있고, 그로 인해 쉽게 세균증식이 될 수 있으므로 수시로 세척해주어야 하고 아래 순서대로 수시로 청소를 진행한다.

❶ 스팀파이프 노즐팁의 외부를 행주로 깨끗이 닦아준다.

❷ 스팀파이프를 물이 담긴 밀크피처에 담가준다.

❸ 스팀밸브 작동 시 압력 차이로 물이 스팀파이프 안쪽으로 빨려들어 갔다가 다시 밸브를 열면 나오면서 청소가 이루어진다. 이때 2종세정제를 사용하면 더욱더 효과적이다.

❹ 3회 정도 청소를 해주고 깨끗한 물에 스팀파이프팁을 담근다. 밸브의 개폐를 반복하여 린스를 해주고, 스팀파이프에 남아 있는 잔여물을 충분히 분출해준다.

3) 샤워스크린과 가스켓 교체

샤워스크린은 추출 시 분쇄된 원두와 밀접한 사이를 두고 있기에 지속적인 청결이 유지되어야 한다. 샤워스크린의 변형 및 세척이 원활하지 않을 경우, 커피크레마 색상 일관성이 떨어진다.

그룹헤드에 결박되어 있는 가스켓의 경우 포터필터와 지속적인 마찰로 인하여 고무성질의 소재가 열을 받아 경화되어 압축탄성을 잃게 되어 밀착이 잘 이루어지지 않고, 그로 인해 고압의 압력이 유지되지 못하게 되어 물이 새는 경우가 발생한다.

가스켓 교체주기는 사용환경에 따라 다르지만 6개월~1년 정도의 기간에 교환을 필요로 한다.

③ 보조커피기계

❶ 정수기

커피의 95% 이상을 차지하는 것이 물이
다. 어떤 종류의 물을 사용하느냐에 따라 커
피맛에 차이가 난다는 것을 알 수 있다. 물을
구분할 때는 경도지수에 따라 연수(수돗물), 경
수(지하수)로 구분할 수 있으며, 국내에서는 지
하수로 영업하는 매장은 보기 힘들 것이다.
탄화칼슘과 탄화마그네슘 함량이 높은 경수
를 커피에 사용하게 된다면 커피의 풍미 추
출에 방해를 주고 커피기계, 제빙기의 수로를

정수기
필터

막을 수 있는 석회질의 발생률이 높은 것을 확인할 수 있다. 이로 인해 높은 경수의 물
을 사용할 경우 적절한 연수로 바꿔주는 시스템을 적용하여야 한다.

어떤 원두를 사용할지 선택하는 만큼 신중하고 까다로운 것이 물(얼음)이고 맛에 따라
개성 있는 커피가 추출될 수 있다는 것을 잊지 말아야 한다.

※ 사용환경에 따라 다르지만 정수필터의 교체주기는 3~12개월이다.

❷ 제빙기

제빙기

얼음을 만들어주는 기계이며, 냉각방식에
따라 두 가지로 구분된다. 운영하고자 하는
작업장 환경에 따라 구매하는 것을 권한다.
작업장 공간이 적은 곳은 주변온도까지 상승
할 수 있는 공랭식보다는 수랭식 설치를 권
장한다.

비교	수랭식	공랭식
소음	공랭식에 비해 적음	수랭식에 비해 많음
열배출	주변 공기(팬을 이용)	물
설치장소	배수가 잘되는 곳	통풍이 잘되는 곳
특징	주위온도가 높아도 제빙능력유지 및 냉각효율 우수	주위온도가 높으면 제빙능력 저하

③ 온수기

사용하고자 하는 온수 및 정수 물을 일정하게 공급해주고, 온도조절이 가능한 기계이다. 최근 보급되는 온수기는 디지털화면으로 온도설정 및 냉수 정수, 온수 물양을 설정할 수 있는 제품이 많이 보이고 있다. 뜨거운 물을 저장하고 가열하기에 일정기간 사용 시 커피머신처럼 스케일 제거를 해줘야 한다.

온수기

④ 블렌더

모터를 이용해 고속으로 칼날을 회전시켜 얼음과 음료를 곱게 갈아주는 기계로서, 모터의 회전속도를 조절하여 제품의 질감, 농도를 설정할 수 있고, 다양한 종류의 응용메뉴를 만들 수 있다.

④ Q&A로 알아가는 커피기계의 이해

① 그룹헤드 가스켓 교체

☕ 발생현상

커피추출 시 그룹헤드와 포터필터 간격으로 물이 조금씩 떨어집니다. 포터필터의 결박을 더 밀어 고정시켰는데요, 시간이 지날수록 물이 더 많이 떨어집니다. 그 이유는요?

☕ 해결방법

커피추출 시 고온, 고압이 필요한데 이런 고온, 고압에 오랜 시간 노출되어버리면 고무 가스켓이 마모되고, 고온의 열에 의해 고무의 탄성을 잃게 됩니다. 그러면 가스켓은 경화(硬化)되어 포터필터 바스켓과 완벽히 밀착되지 않아 물이 떨어지는 경우가 발생하며, 포터필터가 기존에 사용할 때보다 옆으로 많이 돌아가 있을 때도 누수가 발생할 수 있습니다.

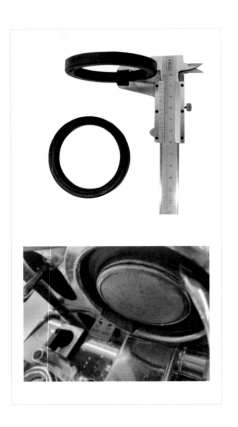

② 포터필터 스프링 교체

☕ 발생현상

커피추출 후 포터필터에 남아 있는 커피찌꺼기를 넉박스에 털어버릴 때, 포터필터 바스켓이 잘 빠집니다. 그 이유는요?

🍵 해결방법

영업마감 시 포터필터와 바스켓의 잦은 분리로 인해 스프링의 탄력이 약해졌기 때문입니다. 새로운 스프링을 구매하여 포터필터에 장착하여 사용하면 됩니다.

③ 커피머신 균형 맞추기

🍵 발생현상

더블포터필터를 사용할 때 커피추출 양이 다르게 나오는데 왜 그런가요?

🍵 해결방법

커피머신의 무게로 인해 바상판의 기울기가 발생하여 한쪽으로 기울어졌을 때 발생할 수 있으며, 포터필터를 장기간 사용하였을 경우 스파웃 부분에 스케일 및 커피찌꺼기로 인해 추출 양이 다르게 나올 수 있습니다. 수평계를 통해 수평을 측정하고 머신의 기울기를 조정해보고, 포터필터 스파웃 부분의 이물질 확인 및 세척을 진행해보면 됩니다.

④ 포터필터 스파우트 보수 및 교체 (내열오링 사용)

🍵 발생현상

그룹헤드에 포터필터의 결박된 각도는 정상인데, 스파웃이 삐뚤어져 있는데 스파웃을 돌려도 각도가 돌아오지 않아요. 방법이 없나요?

☕ 해결방법

포터필터와 넉박스의 마찰이 반복되면서 스파웃나사조인트 부분이 풀리거나 변형되는 경우이므로 새로운 스파웃으로 교체하거나 내열오링을 이용하여 스파웃과 포터필터 홀더 사이에 끼워넣고 각도를 맞추어줍니다.

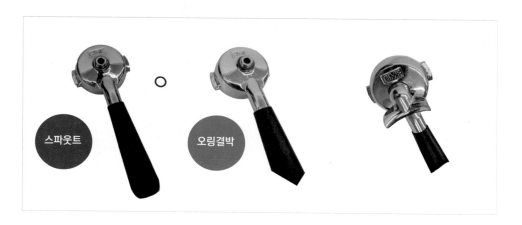

⑤ 스팀파이프와 노즐팁 사이에서 물이 새는 경우

☕ 발생현상

스팀밸브를 잠갔는데도 스팀파이프에서 물이 떨어지고 스팀파이프와 노즐팁 사이에서 수증기가 새어 나옵니다. 왜 그런가요?

☕ 해결방법

커피머신의 스팀파이프 내부의 고무링 및 고무패킹은 수증기의 고열에 장기간 노출되면서 경화되어 마모되거나 딱딱해지므로 내열오링 및 누수테이프로 누수를 방지해줍니다. 스팀밸브 뭉치를 분해하여 경화된 고무패킹 및 오링을 교체해줍니다.
※ 작업이 어려우면 전문가에게 도움을 요청한다.
※ 작업 시 장갑 착용하며, 화상 주의

❻ 커피머신 바닥 부분에서 물이 떨어지는 경우

☕ 발생현상

커피머신 하단 부분에 물이 떨어지는데 왜 그런가요?

☕ 해결방법

드레인 호스에 커피찌꺼기가 쌓여 막혔거나, 드레인박스가 크기에 비해 많은 물 양을 버리지는 않았는지, 드레인박스와 배수호스의 연결이 잘되어 있는지 확인해보고, 빠져 있다면 결합해봅니다. 커피찌꺼기가 막혀 있다면 연결된 호스를 흔들어서 배수를 원활하게 해보거나, 뜨거운 물을 드레인박스에 부어봅니다.

7 스팀밸브의 코터핀 파손 교체

☕ **발생현상**

스팀밸브를 작동하였는데, 작동하지 않고 스팀밸브가 빠집니다. 그 이유는요?

☕ **해결방법**

스팀밸브를 장시간 사용하거나 사용자의 지나친 각도 조절로 인해 스팀핸들을 고정시켜주는 코터핀이 파손되었을 텐데, 커피머신 전원을 끄고 보일러 내부의 수증기를 밸브를 개폐하여 완전히 제거하고, 기존의 부러진 코터핀을 새로운 코터핀으로 교체하고, 코터핀이 없을 경우 클립을 이용해 임시로 사용해도 좋습니다.

8 커피머신에서 소음이 발생 시

☕ **발생현상**

커피머신에서 작동버튼을 눌렀을 때 "웅" 하고 심하게 압력게이지가 떨리거나 '0'을 가리키는 이유는 무엇인가요?

☕ **해결방법**

커피머신에 급수가 원활하게 공급되어야 하는데, 건물 자체의 단수가 되거나 정수기

필터의 장시간 사용으로 정수기능이 떨어져 필터가 막혀 급수가 되지 않을 수 있으므로 씽크대의 물공급이 원활한지 확인하고 새로운 정수필터를 교체해줍니다.

※ 정수기필터의 교체기간은 사용환경에 따라 다르지만, 3~12개월이다.

⑨ 커피머신 작동 시에만 소음이 발생하는 경우

☕ 발생현상

커피추출을 위해 커피머신 추출버튼을 작동하였을 때만 소음이 나고, 커피추출 종료 후에는 소음이 나지 않는데 그 이유는요?

☕ 해결방법

커피추출 시 물의 압력을 높여주는 워터펌프가 있는데, 보일러에 물을 보충해주거나 추출이 이루어질 때 작동하는데 진동으로 배관에 부딪히는 소리가 많이 발생하므로 볼트 부분이 풀리지 않았는지 확인해보고, 임시조치가 가능하다면 종이나 고무를 닿는 부분에 끼워봅니다.

※ 작업이 어려울 경우 전문가에게 도움을 요청한다.

워터펌프

10 모터펌프의 고장현상

☕ 발생현상

추출수는 나오지만 추출압력이 올라가지 않아요. 그 이유는요?

☕ 해결방법

커패시터(콘덴서)는 전하를 충전하고 방출하면서 모터에 일정한 전압을 전달하게 되는데, 충전하는 용량이 떨어지게 되면 모터에 전압을 충분히 전달할 수 없어 베인이 회전하지 못하게 되고 물이 나오지만 압력이 전달되지 않아, 압력이 올라가지 않습니다. 새로운 커패시터를 구매하여 교체해봅니다.

※ **전하량이 부족하면 작동이 되지 않을 수 있기에 적정용량이 있어야 한다.**

※ **작업이 어려울 경우 전문가에게 도움을 요청한다.**

11 솔레노이드밸브(3way 밸브) 이상 및 교체

☕ 발생현상

1. 작동버튼을 눌렀는데 추출수가 나오지 않아요. 그 이유는요?
2. 그룹헤드 부분에서 누증 및 물이 멈추지 않아요. 그 이유는요?

☕ 해결방법

전자석의 힘으로 물을 유입시켜주거나 차단해주는 부품이며, 물의 흐름을 제어해야 하는 곳에 있기 때문에 누수 및 누증이 발생하는 곳은 솔레노이드 밸브교체를 해주어야 합니다.

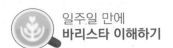

일주일 만에
바리스타 이해하기

커피매장
경영이론

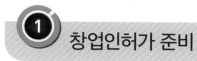
① 창업인허가 준비

대부분의 근로자라면 본인 사업체를 운영해보고 싶은 생각을 해본다. 그중 진입장벽이 높지 않다고 생각되는 커피전문점에 관심을 가지고 창업을 준비하고 있다. 창업을 준비하기 위해서는 개점하고자 하는 위치의 인허가 사항을 체크해보자.

일정	발급서류	세부 내용	준비서류	장소
D-25	위생교육 수료증	• 일반음식점으로 위생교육을 먼저 받아야만 영업신고증을 발급받을 수 있다.	• 신분증(대리 시 위임장 지참) • 교육비(26,000원) • 증명사진 1매	한국음식업 중앙회
D-15	영업신고증 발급	• 해당 구청 위생과 또는 보건소에서 발급하며 발급 시 준비서류를 구비해야 한다. • 일반음식으로 영업허가를 받아야 한다.	• 소방시설완비증명서 1부 • 위생교육 수료증 1부 • 대표자 신분증, 도장 • 보건증	구청 위생과
D-15	사업자등록증 발급	• 해당세무서에서 발급하며 발급 시 주류표시 • 일반과세자 vs 간이과세자	• 영업신고증 사본 1부 • 임대차 계약서 사본 1부 • 대표자 신분증, 도장	해당 세무서
	카드매출 입금 통장	• 카드매출 입금받을 통장 개설	• 신분증, 사업자등록증 사본 1부	거래은행
	카드 가맹점 접수	• 신용카드 가맹점 접수를 해야 하며 접수서류만 준비해 담당자에게 연락하면 된다.	• 사업자등록증 사본 1부 • 영업신고증 사본 1부 • 통장사본, 신분증사본 각 1부 • 통장 도장	카드 담당자
D-10	인터넷 및 전화 신청	• 매장 인터넷 및 전화신청	• KT 100번 직접 신청	KT
	세무사 지정	• 각 세무 신고 대비	• 홈텍스 신고 가능	첨부
	주류카드 발급	• 주류대금 결제 관련	• 모든 은행	은행
	화재보험 음식물배상책임 보험	• 매장 화재 및 음식물 사건 사고에 대한 대비		첨부

1 위생교육수료증

- 식품위생법 제41조, 동법시행령 제27조 및 시행규칙 제51조 내지 제54조의 규정에 따라 식품위생교육을 이수하여야 하므로 집합교육 및 온라인 교육을 이수하여야 한다.
- 온라인 및 집체 교육 가능(세무, 서비스, 위생에 관련된 분야 교육), (사)한국외식업중앙회

2 영업신고증

- 개점하고자 하는 지방자치단체 위생과에 방문하여 발급을 준비한다.
- 하수처리과의 정화조 용량도 확인하고 있으니, 내가 개점하고자 하는 건물에 본인이 개점하고자 하는 영업장이 영업신고증을 발급받을 수 있는지 확인하여야 금전적 손실을 방지할 수 있다.

3 사업자등록증 발급

대부분의 커피전문점 창업자분들은 일반과세자, 간이과세자로 구분하여 발급받을 수 있다.

※ 과세유형은 면세사업자, 일반과세자, 간이과세자

4 카드매출 입금통장 개설

사업자등록증으로 시중은행에서 계좌개설을 진행한다. 필자는 입금통장, 출금통장으로 구분해보는 것을 권장한다.(지출과 수입의 관리가 수월함)

5 신용카드 가맹점 접수

- 사업자등록증과 영업신고증, 통장이 준비되었다면 카드가맹점 접수

6 인터넷 및 전화 신청

- 매장인터넷은 2회선으로 신청하고, P.O.S 시스템에 사용할 인터넷회선, 고객에게 제공할 인터넷회선을 이용하는 것을 권장한다.(보안문제)
- 인터넷이 불통될 경우를 대비하여 KT유선전화회선도 같이 신청하는 것을 권장한다.(요금발생)
- 백업단말기(스마트폰단말기)를 준비해둔다.

7 세무사 지정

- 절세를 생각한다면, 세무사지정을 권장한다.
- https://www.hometax.go.kr/ 홈텍스(스스로 할 수 있는 방법)

8 주류카드 발급

- 매장 내 주류 판매계획이 있다면 시중은행에서 주류카드 발급을 준비한다.
- 사업자등록증(주류허가)

의재매입세액공제

- 부가가치세가 면제되는 농산물, 수산물, 축산물 등의 원재료를 구입, 이를 제조, 가공하여 부가가치세가 과세되는 재화 또는 용역을 공급하는 사업자에 대하여는 원재료를 구입할 때 직접 부담한 부가가치세는 없지만, 그 구입가액의 일정률에 해당하는 금액을 매입세액으로 의재하여 매출세액에서 공제받을 수 있도록 하는 제도이다.
- 면세사업자로부터 원료를 구입한 후 계산서나 신용카드를 발급받고 의재매입세액공제제도를 적극 활용하면 절세의 효과를 볼 수 있다.

 개점 유형에 따른 필수장비

1 **로스터리카페**

- 생두를 직접 선별하여 매장 내에서 직접 볶는 매장형태를 로스터리카페라고 한다.
- 커피를 직접 볶는 로스터리카페의 경우 사업자 신고 시 업태 항목에 제조를 추가하는 경우도 많다. 이 경우 원재료인 생두는 농산물로서 면세의 대상이며, 원재료인 농산물 매입분에 대해서도 세액 공제를 받을 수 있다.
- 로스터기의 열원[전기, 가스(LNG LPG)에 따른 공사준비사항이 다름]

1) 로스팅기계

- **직화식** - 드럼 내부에 구멍이 뚫려 있고, 그 구멍을 통해 열원이 생두의 표면에 직접 전달되어 로스팅이 이루어지는 방식이다. 커피의 맛과 향이 직접적으로 표현이 되어 로스터의 개성을 잘 살릴 수 있는 장점을 가지고 있고, 화력조절이 어려워 균일한 로스팅이 어렵다. 로스팅 입문자에게는 적합하지 않는 방법이다.

- **반열풍식** - 열원은 드럼 아랫부분에 있지만 불이 직접적으로 닿지 않고, 흡기 시스템에 의해 발생된 열풍이 후방에서 내부로 빨아들여 보내지는 로스팅 방식이다. 생두에 열이 간적접으로 전달되므로 직화식에 비해 균일한 로스팅이 가능하여, 로스터리카페에서 많이 사용하는 방법이다.

- **열풍식** - 열원이 강하고 뜨거운 열풍으로만 로스팅하는 방식이다. 원두 사이로 순환시켜 로스팅하기 때문에 균일한 로스팅이 가능하며 로스팅 시간이 빠르다.

2) 그 외

- 커피머신 + 그라인더
- 제빙기
- 테이블냉동/냉장고
- 브루잉 도구
- 온수기, 빙삭기
- 쇼케이스(냉장진열장)

② 일반 커피전문점(휴게음식점, 일반음식점)

- 메인메뉴에 따른 분류(쌀, 고기, 빵)의 주식이 있는 메뉴판매 목적이 있으면 일반음식점, 그렇지 않다면 휴게음식점으로 인허가를 준비해보자.(즉석조리 가능, 주류판매허가 차이)

3 커피전문점

- 에스프레소 머신 + 그라인더
- 제빙기
- 테이블냉동/냉장고
- 냉온수기
- 쇼케이스(냉장진열장)
- 사이드메뉴 구성에 따른 빙삭기, 오븐기

매장 예상 표준 전력사용량

no	품명	수량	KW	A	차단기
			장비 부분		
1	에스프레소머신 반자동(2그룹)	1	3.5~4	20	30A
2	에스프레소용 그라인더	2	700(W)	5	20A
3	테이블냉장고	1	500(W)	3	
4	쇼케이스	1	400(W)	20	20A
5	블렌더믹서	2	2	10	20A
6	제빙기	1	500(W)		20A
7	전기온수기	1	1.2	20	
8	전자렌지	1	1.1		
9	오븐기(40L, 스매그)	1	3		
			냉난방부분		
	천장형(냉난방기)	1	3	12	30A
	에어커튼	1	4		30A
			전등부분		
	간판	1	1.5		20A
	전등				
			사용량 합계		

☕ 커피머신과 관련 장비 선택 시 고려사항

- 자금계획
- 커피추출의 안정성
- 인테리어 콘셉트
- 판매사의 사후관리

커피매장운영

① 커피 관련 자재/재고 관리하기

매장 내의 운영(運營)의 묘(妙)를 최대한 발휘하기 위해서는 매장 내의 재고관리가 필요하고 그에 따른 책임자의 역할이 상당히 중요하다. 적절한 운영을 통해 매장의 매출을 극대화시킬 수 있으며 재고관리는 주기적으로 해야 한다.

필요한 커피 관련 자재들의 기초재고량을 파악하고 발주 후 입고까지의 시일을 파악하여 적정 시점에 발주업무를 실행하며, 그렇지 않다면 매장 내의 재고가 쌓이고 현금순환율이 떨어질 수 있으므로, 매장 내의 재고관리는 필수적이다.

또한, 자재/재고관리는 매장의 모든 직원들이 공유해야 하며, 업무분장을 통한 각 분야의 담당자를 지정해야만 발주 및 재고가 누락되는 일을 최소화할 수 있다.

기초재고수량과 발주시점에 대한 수량도 파악하여 적기에 발주하도록 하며, 선입선출에 따른 기본교육이 필요하다. 매장 내 사용하는 비품, 상품에 대한 원가율도 직원들이 공유가 된다면 원가 관리에 도움이 된다. 복잡한 재고관리 대장보다는 작성하기 편리한 관리대장을 작성해본다면, 효율성이 높아질 것이다.

1) 재고관리대장 작성

　매장 내 구비하는 상품수량과 신규주문해야 할 수량에 따른 정확한 데이터가 확보되어야 하며 입고수량, 출고수량, 잔고수량을 표기해 고객수요에 대한 대응을 마련해두어야 한다.

　매장 내에서 상품의 사용빈도수, 신선도에 따른 분류를 통해 효율적인 재고관리가 필요하다.

재고조사표

과정명:
학생명:

매장명:　　　점장:　　　　　　　　　　　　　　　　　　　　　기준일:

	입	출	잔	입	출	잔	입	출	잔	입	출	잔	입	출	잔	입	출	잔	입	출	잔	입	출	잔	입	출	잔	입	출	잔	입	출	잔	입	출	잔	입	출	잔	점장 확인
1																																								
2																																								
3																																								
4																																								
5																																								
6																																								
7																																								
8																																								
9																																								
10																																								
11																																								
12																																								
13																																								
14																																								
15																																								
16																																								
17																																								
18																																								
19																																								
20																																								
21																																								
22																																								
23																																								
24																																								
25																																								
26																																								
27																																								
28																																								
29																																								
30																																								
31																																								

비고

- **매일 체크** - 원두, 우유, 신선식품(과일, 야채 등)
- **주단위 체크** - 컵, 뚜껑, 빨대, 소스, 시럽류 등 카페 부재료
- **월단위 체크** - 기물(소스통, 밀크피처, 음료잔, 포크 등 기자재)

2) 상품회전율 조사

매장 내 판매상품의 기간을 설정하여 매출량과 평균재고, 상품회전율을 알아본다.

- 평균재고 =(월초재고 + 월말재고)/2
- 상품회전율 = 설정기간 중 매출액/기간 중 평균재고
- 병입제품의 월초재고, 월말재고, 평균재고의 예를 계산해보도록 한다.(단위: 개)

상품	월판매량	월초재고	월말재고	평균재고	상품회전율
상품 1	50	50	30	40	1.25
상품 2	30	50	20	35	0.85

- 상품회전율이 낮을수록 매출액 대비 적정재고량보다 많다는 의미이므로 재고관리에 신경 써야 한다.

3) 폐기대장 작성하기

매장 내 매출상승이 되더라도 제조한 제품이 판매로 이어지지 않는다면 "밑 빠진 독에 물 붓기"가 되어 매장운영의 매출 극대화를 달성하기는 힘들 것이다. 그렇기에 폐기대장은 재고조사와 함께 각별히 신경 써야 한다.

 작성요령*(피드백이 중요함)

- 날짜– 발생일자 작성
- 종류– 발생상품 종류 기재
- 사유– 판매하지 못한 사유기재
    - 예 유통기한 경과(권유판매 등의 적극적인 판매전략을 수립하는 계획을 수립함)
    - 고객변심(주문받을 시 고객에게 다시 한번 주문한 메뉴를 확인시켜줌)

폐기대장(음료, 베이커리)

날짜	종류	사유	담당직원	관리자

② 커피매장 영업일지 작성하기

영업일지 작성을 통하여 충성고객(단골고객)에 대한 철저한 관리와 매출증대를 위한 잠재적 고객확보에 도움을 줄 수 있다.

시간대 책임자는 영업일지에 매출내역, 현금, 카드, 할인내역, 전도금(매장비고정비용)을 작성하며, 매장 책임자의 부재 시에도 원활한 운영이 되도록 준비할 수 있다.

영업일지에는 일매출목표를 설정하여 해당일 시점에서의 달성 정도를 파악하는 것이 중요하며, 매장 내 특이사항이나, 직원들 간의 업무적 공유내용을 기재해야 한다.

(점) 일일정산서

년   월   일

pos 매출 현황			매장 평가 분석				전도금	
구분	금액	비고	구분	목표	실적	평가	구분	금액
총매출			일매출 평가				이월금(+)	
카드			예상 원가				입금(+)	
현금			인건비				출금(−)	
할인(−)								
매출 취소(−)			POS 분석					
현금시재(−)			일반할인		포인트 금액			
순매출액			직원할인		포인트 건수			
입금액			컵보증금회수		포인트/매출			
			현금과부족					
			사유				잔고	

정산서	매출취소 영수증	전도금 지출 영수증

③ 커피매장 영업현황 분석하기

1) 원가계산

- 매장 내 판매상품의 모든 비용을 계산하는 일, 그 절차는 재료비, 물품비, 인건비, 감가상각비, 보험료 등의 소비된 경제가치이다.

2) 원가계산의 목적

• 제품의 판매가격을 결정할 목적으로 원가를 계산하고, 원가를 절감하도록 관리하의 기초자료로 활용하기 위함이다.

3) 직접 재료원가

• 제품생산에 직접적으로 소요되는 원가

품목별 원가율 기준표

ICE ESPRESSO · VAT 포함

품명	상품명	규격	매출가	소요량	소요금액	소비자가	비고
아이스카페라떼(T)	에스프레소	1,000g/12ea/1box	20,000	16	320.0		
	우유	1,000ml/1box	1,850	135	249.8		
	설탕시럽	5,000ml/1봉	4,500	20	18.0		
	14oz 아이스컵	1,000ea/1box	85,000	1	85.0		
	펑니드	1,000ea/1box	35,000	1	35.0		
	스트로우	250ea/20봉/1box	1,980	1	4.0		
	얼음	ea		8			
	합계				711.7	4,500	
	원가율				15.8%		

4 커피매장 월정산하기

1) P.O.S(Point of Sales) 상품판매시점 관리

매장 내 구비된 포스에 입력된 기초자료 (시간대 매출, 주간 매출, 요일 매출)를 통해 매출 분석이 수월해졌으며 메뉴별, 시간대별, 요일별, 성별 등의 기초 데이터 수집을 통해 판매전략을 수립할 수 있고 신메뉴개발 및 판매촉진의 도구로 활용할 수 있다.

P.O.S를 이용한 월정산을 통해 현재의 매장운영상황을 파악하여 익월 매출의 목표로 설정하여 직원들 간의 동기부여 및 목표의식을 부여할 수 있다.

2) 커피매장 월정산하기

P.O.S를 이용한 월정산을 통해 현재의 매장운영상황을 파악하여 익월 매출의 목표를 설정하여 직원들 간의 동기부여 및 목표의식을 부여할 수 있다.

월정산서의 원가요소(계정과목)

*재료비, 노무비, 수도광열비, 소모품비, 기타경비

년   월   정산 내역서

1. 월 매출 / 전도금 내역

(단위: 원)

일자	요일	총매출	현금매출	카드매출	할인/서비스	NET 매출	순매출	입금	지출	잔액	현금입금액
				매 출				**전 도 금**			
1	일										
2	월										
3	화										
4	수										
5	목										
6	금										
7	토										
8	일										
9	월										
10	화										
11	수										
12	목										
13	금										
14	토										
15	일										
16	월										
17	화										
18	수										
19	목										
20	금										
21	토										
22	일										
23	월										
24	화										
25	수										
26	목										
27	금										
28	토										
29	일										
30	월										
31	화										
소계		-	-	-	-	-	-	-	-	-	-

익월목표 총매출-   인건비 -

(단위: 원)

2. 당월 비용 내역

계정과목	적요	금액	비율	비고	계정과목	적요	금액	비율	비고	익월목표 금액	익월목표 비율
1) 인건비 (1)		₩ -			**6) 상품대**						
직원					원두외	택시(커피					
교육생					우유외	서울우유					
PT											
2) 인건비 (2)		₩ -									
퇴직급여충당금				(직원총급여*1/12*80%)							
4대보험				(직원총급여*8.91%)							
상여금				직원							
3) 임대관리비		₩ -			**7) 기자재**		₩ -				
임차료											
관리비											
4) 세금과공과		₩ -			**8) 소모품**						
전기요금	관리비 포함	-			음식물수거	지역기업					
수도요금	관리비 포함	-			기타비용						
전화요금	KT										
인터넷 요금	전화요금포함	-									
5) 매장유지/보수		₩ -			**9) 전도금**						
해충관리비	세스코				소모품비	사이다,우유 등					
보안관리비	에스원				잡비	쓰레기봉투외					
음악방송	CSB				여비교통비	교통비					
인테리어보수	-				도서인쇄비	출력,복사비외					
카드매출수수료	BC카드외				복리후생비	식대외					
송금수수료	-				협회비	음식업협회비					
					사무용품비	봉편외					
					운반비	택배,퀵서비스					
					통신비	우편료발송					
					기타비용	-					

3. 당월손익

당월 순매출	-
당월 비용	
당월 손익	-

5 커피매장 안전관리하기

매장 내 직원들은 정전 및 누전으로 인한 전기상태확인 및 소방시설안전에 대비하여야 하며, 매장 내 미끄러움 사고 발생을 방지하기 위해 수시로 점검하고 체크해야 한다.

1) 정전대비지침

매장 내 분전반(두꺼비집)의 위치를 잘 알아두고 그에 따른 정전 및 전기 차단에 대비하여야 한다.

- 전기 차단 시 냉장, 냉동고는 문을 열지 않을 경우 유지시간은 냉장고 3시간, 냉동고 48시간 정도이다.
- 정전에 대비하여 드라이아이스판매처를 미리 알아봐둔다.
- 적정온도가 유지되지 않은 냉장고의 상품들은 가능한 한 폐기하는 게 바람직하며, 제품상태를 확인하기 위해 마셔보거나 먹어보는 행동은 하지 않는다.

2) 전기 안전관리

- 젖은 손으로 전기콘센트를 만지지 않는다.
- 주방싱크대, 온수기 등의 물이 있는 곳에는 콘센트와 일정한 거리를 유지한다.
- 허용된 전압과 용량에 맞는 제품을 사용해야 한다.

3) 소방안전관리

- 소화기 위치 및 올바른 사용법을 알고 있어야 한다.
- 비상시 행동요령을 숙지해야 한다.
- 비상시 대체 조명등의 준비 상태를 확인해둔다.
- 매장 내 소방설비 작동법을 알고 있어야 한다.

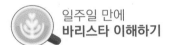

일주일 만에
바리스타 이해하기

CHAPTER

09

예상문제

01 다음 중 바리스타의 주 업무와 가장 거리가 먼 것은?

① 커피 머신의 유지 관리

② 맛있는 에스프레소 커피 추출

③ 생두 구입과 로스팅

④ 고객의 기호에 맞는 메뉴의 개발

02 바리스타가 베리에이션 음료를 만들기 위한 우유의 선택과 사용으로 적절한 것은?

① 메뉴를 만들기 직전에는 우유를 상온으로 유지한다.

② 스팀노즐에는 물이 차 있게 하여 메뉴 제조 시 세균의 역류를 방지한다.

③ 스팀피처의 용량이 너무 크면 우유의 손실이 크므로 한 잔의 라떼 제조를 위해서는 250ml 크기의 스팀피처 용량이 적절하다.

④ 머신의 스팀노즐은 스티밍 후 즉시 젖은 행주로 닦아준다.

03 에스프레소의 쓴 맛이 두드러져 쓴맛을 감소시키기 위해서 바리스타는 다음과 같은 조치를 하였다. 이 중 적절치 않은 것은?

① 원두의 분쇄도를 가늘게 조절하였다.

② 추출수의 온도를 낮추었다.

③ 포터 필터에 담는 원두의 양을 줄였다.

④ 추출 압력을 낮추었다.

04 다음 중 에스프레소 커피의 향미를 결정하는 요소로 가장 거리가 먼 것은?

① 원두의 신선도

② 분쇄 커피 입자의 크기

③ 이탈리안 로스트 이상의 강한 로스팅

④ 보일러의 압력과 추출온도의 적절성

05 에스프레소 커피 추출 시 물 흘리기를 하지 않고 추출을 할 경우 나타나는 현상은?

① 커피의 향미에는 아무런 변화가 없다.

② 크레마가 옅은 갈색을 띠며 향은 적고 산미가 강하다.

③ 지나치게 가열된 추출수로 인해 커피에서 톡 쏘는 듯한 자극적인 맛이 날 수 있다.

④ 커피 맛이 약해지며 달콤한 향이 난다.

06 다음 에스프레소 커피의 특징 중 틀린 것은?

① 고객에게 제공하기 직전에 바로 추출하는 것이 좋다.

② 추출 후 시간이 지날수록 크레마는 사라지지만 맛과 향은 강해진다.

③ 최상의 에스프레소는 버터리(Buttery)한 맛과 강한 바디를 느낄 수 있다.

④ 불용 성분까지 추출되므로 드립 커피에 비해 농축한 맛을 느낄 수 있다.

07 다음 중 에스프레소(Espresso Single) 메뉴 제공에 대한 설명으로 틀린 것은?

① 스푼, 설탕, 냅킨, 물을 함께 제공한다.

② 샷 글라스에 1온스 정량을 추출한 다음 제공한다.

③ 에스프레소 커피는 데미타세에 제공한다.

④ 고객의 요구에 따라 추출량을 조절하여 리스트레또(Ristretto)나 룽고(Lungo)로 제공하기도 한다.

정답 1. ③ 2. ④ 3. ① 4. ③ 5. ③ 6. ② 7. ②

08 에스프레소 추출 시 발생하는 크레마에 대하여 잘못 설명한 것은?

① 추출 후 에스프레소 상단에 층을 이루면서 뜨는 지질성분이다.

② 보편적으로 아라비카 종이 로부스타 종보다 크레마 층이 더 두텁다.

③ 추출된 에스프레소의 온기와 향미가 날아가지 않도록 보존하는 역할을 한다.

④ 강배전 시에는 적갈색을 띠고, 약배전 시에는 노란 황금색을 띤다.

09 좋은 우유거품을 만들기 위한 우유의 선택과 스티밍의 방법으로 틀린 것은?

① 저지방이나 멸균 우유보다는 일반적으로 신선한 우유를 사용한다.

② 처음에는 공기의 주입, 그리고 스팀피처 안에서 공기의 분쇄와 혼합의 과정을 거친다.

③ 이상적인 스팀피처의 재질은 사용자 편의성을 위해 유리나 도자기 재질이다.

④ 스팀피처 안에서 우유와 우유거품이 분리되지 않도록 적정온도에 도달할 때까지 상하단부가 같이 롤링되도록 한다.

10 다음 라떼아트에 대한 설명 중 옳지 않은 것은?

① 라떼아트를 위해서는 풍부하고 안정적인 크레마를 필요로 한다.

② 미세한 공기 방울을 끌어안은 스팀밀크가 지방성분인 크레마 위로 뜨는 성질을 이용한다.

③ 우유와 크레마의 두 지방성분이 서로 섞이지 않고 자신의 영역을 형성하는 성질을 이용한다.

④ 라떼아트를 형성하는 데 있어서 우유를 붓는 높이, 유량, 유석 등이 중요하며, 커피원두의 상태, 잔의 모양 등은 관련이 없다.

11 다음 에스프레소 메뉴 중 '양이 많은 에스프레소(35ml) 이상' 은 무엇인가?

① 도피오(Doppio)　　　　　　② 룽고(Lungo)

③ 리스트레또(Ristretto)　　　　④ 카페라떼(CaffeLatte)

12 다음 에스프레소 메뉴에 대한 설명 중 틀린 것은?

① 리스트레또(Ristretto): 짧은 시간 추출한 농축 에스프레소로, 양이 적은 에스프레소를 지칭한다.

② 롱블랙(Long Black): 에스프레소 샷 위에 뜨거운 물을 부어 제공하는 메뉴이다.

③ 도피오(Doppio): 더블 에스프레소라고 부르기도 하며 에스프레소에 비해 양이 많으면서도 에스프레소 특유의 맛과 향을 넉넉하게 음미할 수 있는 커피를 지칭한다.

④ 룽고(Lungo): 에스프레소에 데운 우유와 휘핑크림을 첨가한 것으로 비엔나 커피라고도 한다.

13 다음 중 카페라떼에 들어가는 스팀밀크를 지칭하는 명칭은?

① 벨벳밀크(Velvet Milk)　　　　② 커피밀크(Coffee Milk)

③ 소프트밀크(Soft Milk)　　　　④ 휘핑밀크(Whipping Milk)

정답 　8. ②　9. ③　10. ④　11. ②　12. ④　13. ①

14　다음의 베리에에션 메뉴 중 카페라떼와 카푸치노에 대한 설명으로 틀린 것은?

① 카푸치노에는 반드시 계피가루를 올려야한다.

② 카페라떼에 거품을 올리기도 하는데, 이 때 거품은 전체의 1/4을 넘지 않도록 한다.

③ 더블 라떼라고 하는 것은 우유의 양은 그대로 하되, 투 샷의 커피를 사용해서 만든 음료이다.

④ 카페라떼는 커피와 데운 우유로 만든 음료이고, 카푸치노의 커피와 데운 우유 거품우유를 함께 올린 음료이다.

15　다음 중 위스키가 첨가된 커피는 무엇인가?

① 아이리쉬 커피(Irish Coffee)

② 비엔나 커피(Vienna Coffee)

③ 롱 블랙(Long Black)

④ 카페 꼰빠나(Caffe ConPanna)

16　다음 중 커피 발견과 관계없는 인물은?

① 칼디　　　　　　　　　② 마호메트

③ 오마르　　　　　　　　④ 라제스

17　다음 중 아라비카와 로부스타 맛에 대한 틀린 설명은?

① 아라비카가 대개 신맛이 더 강하다.

② 아라비카가 대개 쓴맛이 더 강하다.

③ 로부스타가 대개 신맛이 더 강하다.

④ 로부스타가 대개 단맛이 더 강하다.

18 아라비카와 로부스타에 대한 설명으로 옳은 설명은?

① 아라비카는 로부스타보다 페스트과 질병에 더 강하다.

② 아라비카는 로부스타보다 페스트과 질병에 덜 강하다.

③ 아라비카와 로부스타의 해충과 질병 저항력은 같다.

④ 아라비카가 로부스타보다 가뭄에 강하다.

19 다음 중 커피의 카페인 함량에 관해 옳은 설명은?

① 아라비카가 로부스타보다 카페인이 더 많다.

② 아라비카는 로부스타보다 카페인이 적다.

③ 카페인 양은 둘이 같다.

④ 디카페인 커피는 카페인 함량이 0%이다.

20 커피원두 보관 방법으로 옳은 것은?

① 직사광선을 피해 크린백에 보관한다.

② 지퍼백에 담아 따뜻한 곳에 보관한다.

③ 아로마 밸브가 있는 커피 보관용 포장지에 보관한다.

④ 습기와 열기를 피해 냉동실에 보관한다.

21 로스팅한 원두의 보관이 중요한 이유로 옳은 것은?

① 산소와 접촉하지 못하게 하려고

② 이산화탄소와 접촉하지 못하게 하려고

③ 질소과 접촉하지 못하게 하려고

④ 열과 접촉하지 못하게 하려고

 14. ① 15. ① 16. ④ 17. ④ 18. ③ 19. ② 20. ③ 21. ①

22 로스팅 레벨과 커피 맛에 관한 설명 중 옳은 것은?

① 라이트 로스팅에서는 산미와 플레이버가 약하게 표현된다.

② 다크 로스팅 레벨에서 가장 밝은 산미를 느낄 수 있다.

③ 미디엄 로스팅은 플레이버가 밋밋하다.

④ 라이트 로스팅 레벨에서 엔자이메틱 계열의 아로마를 가장 잘 느낄 수 있다.

23 포터필터를 끼우는 에스프레소 머신 부품의 이름은?

① 그룹 헤드   ② 드립 트레이

③ 노크박스   ④ 도징 레버

24 다음 중 에스프레소 추출 압력으로 옳은 것은?

① 9-12bar   ② 1.1-1.5bar

③ 2.3-5bar   ④ 11-15bar

25 다음 중 에스프레소 머신의 스팀 압력으로 옳은 것은?

① 1-1.5bar   ② 1.7-11bar

③ 2.3-5bar   ④ 5-7bar

26 그룹헤드에서 누수가 발생하면 다음 중 어떤 부품을 확인해야하는가?

① 호퍼   ② 플로우미터

③ 개스킷   ④ 스팀 압력

27 다음 중 유기반응에 이해 생성된 커피 향기인 것은?

① 시리얼향   ② 과일향

③ 탄향   ④ 초콜릿향

28 스페셜티 등급에 대한 설명으로 틀린 것은?

① 커핑 점수 85점 이상이 스페셜티 등급이다.

② 로스팅된 원두 중 퀘이커는 단 1개도 허용하지 않는다.

③ 생두 350g 기준이다.

④ SCA의 생두 분류로 최상의 품질 등급이다.

29 커피 분쇄 시 주의해야 할 사항이 아닌 것은?

① 사용할 도구에 적당한 분쇄도로 분쇄한다.

② 추출 30분 전 미리 분쇄한다.

③ 그라인더를 작동시켜 놓은 상태에서 원두를 투입한다.

④ 모터에서 발생하는 열은 커피 향미에 영향을 주지 않는다.

30 에스프레소의 물리적 특성이 아닌 것은?

① 전기전도도가 증가한다.　　② 표면장력이 감소한다.

③ 굴절률이 증가한다.　　④ PH가 증가한다.

31 이탈리아어로 장미꽃을 뜻하는 라떼아트 패턴은 무엇인가?

① 스완　　② 튤립

③ 하트 인 하트　　④ 로제타

32 다음 중 알코올이 들어가는 커피 메뉴는?

① 카페 모카　　② 아이리시 커피

③ 플랫 화이트　　④ 바닐라 라떼

 정답 22.④ 23.① 24.① 25.① 26.③ 27.② 28.② 29.② 30.④ 31.④ 32.②

33 우유 거품을 만드는 작업에 대한 설명으로 틀린 것은?

① 유청 단백질은 거품 형성을 용이하게 한다.

② 우유 거품은 최대한 풍성하게 만들어야 한다.

③ 벨벳 같은 질감과 윤기가 나는 거품을 만들어야 한다.

④ 스티밍시 우유의 온도가 70도 이상 올라가면 가열취가 난다.

34 로스팅을 진행할 때 가장 많이 발생하는 기체는?

① 이산화탄소   ② 일산화탄소

③ 수소   ④ 탄화칼슘

35 다음 중 로스팅에 사용되는 열 전달 방식을 바르게 나열한 것은?

① 대기, 전기, 대류   ② 방사, 대기, 공기

③ 전도, 대류, 자외선   ④ 전도, 대류, 복사

36 다음 중 물에서 악취를 유발하는 것은?

① 마그네슘   ② 탄수화물

③ 나트륨   ④ 염소

37 쓴맛에 대한 설명 중 맞는 것은?

① 커피의 쓴맛은 대부분 카페인에 의한 것이다.

② 디카페인 커피는 쓴맛을 나타내지 않는다.

③ 쓴맛은 탄수화물과 관련된 맛이다.

④ 강한 로스팅 레벨에서 쓴맛은 강해진다.

38 신맛에 대한 설명 중 틀린 것은?

① 신맛은 트리고넬린, 퀸산 등과 관련되 맛이다.

② 라이트 로스팅 레벨의 커피가 다크 로스트보다 유기산이 많다.

③ 후천적 학습을 통해 익숙해진다.

④ 신맛이 증가할수록 PH가 낮아진다.

39 포터필터에 커피를 고르게 담지 않으면 발생하는 문제는?

① 추출시간이 길어진다.

② 물이 커피 베드에 균일하게 흐를 수 없는 현상이 발생한다.

③ 커피가 과열되어 추출이 잘 되지 않는다.

④ 에스프레소의 농도가 진해진다.

40 다음 중 바리스타에게 필요한 행동은?

① 매일 신선한 우유를 사용한다.

② 남은 우유를 다시 스팀한다.

③ 주 1회 백플러싱을 한다.

④ 템핑은 오른쪽으로 기울어지게 한다.

41 그라인더 호퍼는 왜 정기적으로 청소해 주어야 하는가?

① 분쇄를 일정하게 하기 위해서

② 원두를 장기적으로 보관하기 위해서

③ 그라인더 칼날을 보호하기 위해

④ 커피 플레이버 오염을 막기 위해

---

 33. ② 　34. ① 　35. ④ 　36. ④ 　37. ④ 　38. ② 　39. ② 　40. ① 　41. ④

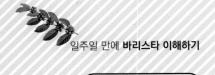

예 / 상 / 문 / 제

42 커피 추출 방식에 따른 분류에서 다음이 설명하고 있는 것은?

보일러 수량	히터 수량	추출방식
2	2	직접가열방식

① 단일형 보일러   ② 분리형 보일러

③ 개별형 보일러   ④ 혼합분리형 보일러

43 수학후 가공과정에서 깨진콩은?

① Broca bean   ② Peaberry

③ Broken bean   ④ Spottde bean

44 에스프레소 커피 최적의 추출수압력은?

① 1.5bar   ② 3bar

③ 5bar   ④ 9bar

45 다음 중 커피머신 커피 추출 flow가 맞는 것 은?

> · **커피 추출 flow**   정수기 → 펌프 → 1차 온수열교환기 → 커피추출 온수 2개 보일러
> → 유량계 → 그룹헤드 솔레노이드밸브 → 그룹헤드 → 커피 추출

① 단일형 머신   ② 혼합분리형 머신

③ 개별형 머신   ④ 혼합개별형 머신

46 커피음료 조리과정에서 에스프레소 커피기계가 우유와 접촉하는 부위는?

① 포타필터 박스   ② 그룹헤드

③ 스팀노즐   ④ 드레인박스

47　정수기에 대한 설명이 틀린 것은?

① 물을 최적의 상태로 정화시켜주는 역할을 한다.

② 역삼투압방식, 전기분해방식, 이온방식 등이 있다.

③ 수돗물의 염소 냄새는 프리필터와 카본필터로 제거할 수 있다.

④ 정수기에 사용되는 필터의 수명은 6개월 이상이다.

48　다음 그림에 대한 명칭이 맞는 것은?

> • 머신 작동과 정지 시 발생되는 수축, 팽창을 방지해주는
>   역할을 한다.

① 릴리프밸브　　　　　　② 스팀 압력스위치

③ 수위조절기　　　　　　④ 진공방지기

49　스팀 보일러의 표준압력은?

① 0.5 ~ 0.7 bar　　　　② 0.8 ~ 1.0 bar

③ 1.0 ~ 1.4 bar　　　　④ 1.5 ~ 2.0 bar

50　에스프레소 커피 기계를 최초로 제작한 사람은?

① Luigi Bwzzera　　　　② Jasspe Bambi

③ Desidero Pavoni　　　④ Cremonesi

---

 42. ② 43. ③ 44. ④ 45. ④ 46. ③ 47. ④ 48. ① 49. ③ 50. ①

51 다음 그림의 부속이 하는 역할로 옳은 것은?

① 전기히터의 가동 및 정지

② 보일러의 과열 시 전기히터 작동을 차단

③ 보일러 내 수위의 변화를 감지

④ 보일러 내 압력 조절

52 다음 중 커피머신 커피 추출 flow가 맞는 것은?

> · **커피 추출 flow** 정수기 → 펌프 → 유량계 → 열교환기 → 그룹헤드 솔레노이드밸브 → 그룹헤 → 커피 추출

① 단일형 머신   ② 분리형 머신

③ 개별형 머신   ④ 혼합개별형 머신

53 다음 중 터키식 추출도구를 고르시오.

① 핸드드립   ② 체즈베

③ 사이펀   ④ 모카포트

54 다음 중 증기압을 이용한 추출도구를 고르시오.

① 핸드드립   ② 체즈베

③ 사이펀   ④ 모카포트

55 에스프레소 커피기계의 추출수온(88~96℃)과 추출압력(7~10bar)이 양질의 커피를 추출한다고 제안한 사람은?

① Cremonesi   ② Desidero Pavoni

③ Achille Gaggia   ④ Giuseppe Bambi

56 그림은 커피기계의 한 부품이다. 이 부품의 명칭과 주요 기능으로 옳은 것은?

① 플로우미터 - 커피기계의 스팀의 압력을 조절 한다.

② 플로우미터 - 추출수의 수량을 제어한다.

③ 솔레노이드 밸브 - 추출수의 흐름을 제어한 다.

④ 보일러 안전밸브 - 보일러의 높은 압력을 제 어한다.

57 연수기는 주기적으로 청소를 해주어야 성능을 제대로 발휘할 수 있는데 다음 중 청소 할 때 사용되는 것은?

① 소금   ② 우유

③ 식초   ④ 뜨거운 물

정답   51. ③   52. ①   53. ②   54. ③   55. ②   56. ②   57. ①

예 / 상 / 문 / 제

58 자석성질의 휠이 회전하여 물의 유입량을 계량하는것은?

① Flowmeter ② steam meter
③ water pressure meter ④ group valve meter

59 다음 그림은 커피추출 flow에 대한 설명이다. 설명하고 있는 커피머신은 무엇인가?

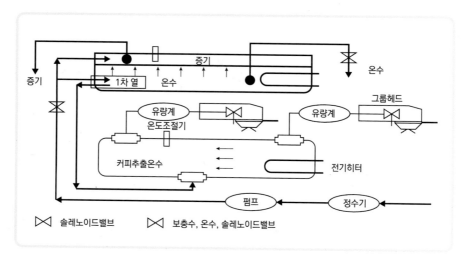

① 단일형 머신 ② 분리형 머신
③ 개별형 머신 ④ 혼합분리형 머신

60 다음 중 커피머신 커피 추출 flow가 맞는 것은?

> · **커피 추출 flow** 정수기 → 펌프 → 커피 추출온수 → 유량계 → 그룹헤드 솔레노이드밸 → 그룹헤드 → 커피 추출

① 단일형 머신 ② 분리형 머신
③ 개별형 머신 ④ 혼합분리형 머신

61 다음 추출방법으로 추출하는 머신은?

> • 스프링을 이용하여 피스톤 레버를 손으로 당겨 커피를 추출하는 방식

① 수동식 머신   ② 반자동 머신(수동)

③ 반자동 머신(자동)   ④ 전자동 머신

62 에스프레소 커피기계를 최초로 제작한 나라는?

① 벨기에   ② 독일

③ 네덜란드   ④ 이탈리아

63 분리형 보일러의 보일러 수는 몇 개인가?

① 1개   ② 2개

③ 3개   ④ 4개

64 다음 중 플로미터가 없는 머신은?

① 수동식 커피머신   ② 반자동 커피머신(자동)

③ 자동머신   ④ 전자동머신

65 싱글 포터필터의 필터바스켓에 들어가는 분쇄커피의 양은?

① 7~9g   ② 10~12g

③ 14~16g   ④ 17~19g

정답   58. ①   59. ④   60. ②   61. ①   62. ④   63. ②   64. ①   65. ①

66 기존의 증기압머신을 개조해 피스톤의 원리를 응용한 레버식 커피 머신을 발명한 사람은?

① Cremonesi   ② Achille Gaggia

③ Desidero Pavoni   ④ Giuseppe Bambi

67 다음이 설명하고 있는 부품은?

> · 내부 자석의 힘을 이용한 것으로 전기에너지를 자기에너지로 바꾸어주는 변환장
> 치로서 코일에 전원을 투입하면 자석의 힘이 형성되어 철심을 끌어올려 물을 통
> 과시키고 전원이 차단되면 자석의 힘이 없어지고 스프링의 힘으로 물의 흐름을 차
> 단시켜 준다.

① 플로미터   ② 솔레노이드밸브

③ 과열방지기   ④ 릴리프밸브

68 커피머신 설명 중 맞는 것은?

① 수동머신-가압펌프는 있고 플로미터가 없다.

② 반자동 수동형-가압펌프와 플로미터가 있다.

③ 반자동 자동형-가압펌프와 플로미터가 있다.

④ 자동머신-가압펌프가 있고 플로미터가 없다.

69 에스프레소용 커피의 입자 크기에 대한 설명 중 올바르지 않은 것은?

① 분쇄커피의 굵기는 추출 시간과 밀접한 관계가 있다.

② 일반적 분쇄 기준은 '밀가루보다 굵게 설탕보다 가늘게'이다.

③ 흐린 날은 기준보다 조금 굵게, 맑은 날은 기준보다 조금 가늘게 갈아준다.

④ 일반적으로 커피 그라인더의 입자 조절판의 숫자가 커질수록 입자는 가늘어
  진다.

70 다음이 설명하고 있는 부품은?

> · 임펠라 회전력에 의한 자력으로 커피추출량을 조절해 주는 부품으로, 물의 흐름이 빠르거나 늦거나 해도 세팅된 양만큼 커피가 추출되며 인입 측 구멍은 토출 측 구멍보다 작게 만들어져 있다.

① 과열방지기   ② 솔레노이드밸브
③ 플로미터   ④ 릴리프밸브

71 다음이 설명하고 있는 부품은?

> · 분리형, 개별형 등 커피추출 보일러에서 일정한 온도를 유지시키기 위해 사용하는 부품이며, 보일러 내 온수의 온도 변화 상태를 감지하여 전기히터의 가동과 정지를 자동적으로 조정해 주는 장치이다.

① 과열방지기   ② 솔레노이드밸브
③ 플로미터   ④ 온도조절기

72 다음이 설명하고 있는 커피머신으로 맞는 것은?

가압펌프	플로우미터	추출온수
유	무	열교환기

① 수동형 머신   ② 반자동 머신(수동)
③ 반자동 머신(자동)   ④ 전자동 머신

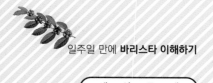

73 다음 그림은 커피 그라인더의 한 부품이다. 이 부품의 명칭과 주요기능으로 올바른 것은?

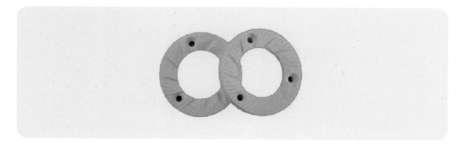

① 원형날 - 커피 빈의 분쇄를 담당한다.

② 원뿔날 - 분쇄된 커피를 포터필터에 담을 때 사용한다.

③ 평면날 - 커피 빈의 분쇄를 담당한다.

④ 평면날 - 분쇄된 커피를 포터필터에 담을 때 사용한다.

74 그림은 커피기계의 한 부품이다. 이 부품의 명칭과 주요 기능으로 옳은 것은?

① 압력게이지 - 커피기계의 스팀의 압력을 조절한다.

② 압력게이지 - 추출수 압력을 표시한다.

③ 온수 수량 게이지 - 추출수량을 확인한다.

④ 온수 수량 게이지 - 추출수 압력을 조절한다.

75 연수기를 청소하고 그 기능을 재생하고자 할 때 사용되는 것은?

① K   ② Ca

③ Cu   ④ NaCl

76 다음 그림에 대한 설명으로 맞는 것은?

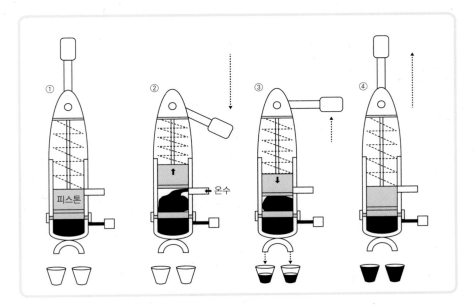

① 수동머신   ② 반자동머신

③ 자동머신   ④ 전자동머신

77 에스프레소머신 내 보일러 안에는 얼마의 물이 채워져 있는가?

① 60%   ② 70%

③ 80%   ④ 가득

정답   73. ③   74. ②   75. ④   76. ①   77. ②

78 에스프레소 머신 중 반자동 머신의 설명으로 틀린 것은?

① 에스프레소의 추출 종료 시간을 바리스타가 결정할 수 있다.

② 일의 효율성이 떨어질 수 있고, 맛이 일정하지 않을 수 있다.

③ 숙련된 바리스타의 능력이 요구된다.

④ 피스톤식(완전 수동) 머신보다 사용하기 어렵다.

79 다음 에스프레소 그라인더에 대한 관리 방법 중 틀린 것은?

① 커피 그라인더의 날은 정기적으로 분리하여 찌꺼기가 완전히 제거되도록 청소한다.

② 도저 내의 커피 파우더는 일일 마감 시 잔량이 남아있지 않도록 모두 비워야 한다.

③ 커피 그라인더를 청소할 때는 전원스위치를 차단 해야 할 뿐 아니라 전원 코드를 뽑고 청소하는 습관을 길러야 한다.

④ 호퍼는 중성세제를 이용하여 씻어내며, 수세미의 거친 면을 이용해 깨끗이 닦아야 한다.

80 커피를 분쇄하는 이유 중 가장 타당한 것은?

① 필터홀더에 채우는 커피량을 늘리기 위하여

② 커피 유용 물질의 추출을 위한 물과의 접촉 면적을 늘리기 위하여

③ 커피의 추출을 위한 도징을 용이하게 하기 위하여

④ 커피의 향미 성분을 증가시키기 위하여

81 **그룹헤드의 개스킷의 교체시기에 대한 설명 중 틀린 것은?**

① 포터필터를 그룹헤드에 장착 시 탄력이 느껴지지 않을 때

② 포터필터를 그룹헤드 장착 시 90도 이상 돌아갈 때

③ 커피 추출 시 그룹헤드 옆으로 물이 새어 나올 때

④ 커피 추출 시간이 길어져 검붉은 크레마가 형성 될 때

CHAPTER

부록

IWCA 소식

1 2022.3-2022.07 소식

1) 2022년 연간활동 설명회 ZOOM 회의 (2022년 3월 15일)

2) 3월 퍼블릭커핑/ 커피전문세미나 진행 (2022년 3월 31일)

❶ **커핑:** OCOTEPEQUE, HONDURAS IWCA 회원 커피 2종

Product	BLEND WASHED ARABICA COFFEE
Region	OCOTEPEQUE, HONDURAS
Farm/Cooperation	BLEND WOMEN PRODUCERS (IWCA)
Harvest Period	DECEMBER TO MARCH
Variety	PACA, CATUAI, ICATU, PARAINEMA
Processing	WASHED
Altitude	1370–1550
Grade	14 UP
Cup Score	82 SCA PLUS
Cup Note	· FRAGANCE: SWEET, CHOCOLATE · FLAVOR HONEY, CARAMEL, · ACIDITY: CITRIC LEMON · BODY: CREAMY · AFTERTASTE: SWEET

❷ **세미나**(연사 : Ruben Dario Sorto Alvarado)

- Agenda

  - Coffee Seed and Nursery

  - Coffee Growth, Prunning and Fertilizer

  - Coffee Fermentation Processes

3) 커피 농장 방문 지원 (2022년 5월 15일)

강원대학교 커피 과학과 학생들과 경기도 이천시 소재에 있는 커피 농장을 방문하였습니다. 커피 재배학 및 post-harvest 실습을 하였습니다.

4) IWCA Honduras MOU 체결 (7월 9일)

IWCA Honduras Chapter 와 공식적인 협약을 체결하였습니다. IWCA온두라스에 방문하여 교육후원, 설비 및 주택 후원 진행방향에 대해 이야기를 나누었습니다. 양국 단체는 국제 커피 커뮤니티 여성들이 의미있고 지속가능한 삶을 실현할 수 있도록 힘을

실어주며, 커피 시장에서 여성인권에 대한 인식을 높이고, 커피 사업에 교육 및 근로지원을 제공하는 공동 목표를 달성하기를 희망하고 있습니다.

5) 베트남 카페쇼 온라인 참가 및 발표 (7월 21일~ 23일)

지난 7월 21일부터 23일까지 3일간 베트남 최대 커피 전문 전시회인 '제7회 베트남 카페쇼(The 7th Int'l Vietnam Cafe Show)'가 호치민에서 개최되었습니다. IWCA KOREA는 IWCA Vietnam 세미나(Title : COFFEE WOMEN IN IWCA VIETNAM'S LENS) 에 초대되어 Korea Chapter와 K-커피를 소개할 수 있는 기회를 가졌습니다.

6) 첫 간담회 진행(7월 28일)

IWCA 회원분들께서 IWCA 진행사항에 대해 공유가 되었으면 하셔서 첫 간담회를 진행하였습니다. 간담회는 한 달에 한번씩(매달 마지막주 목요일 예정) 온/오프라인으로 진행하기로 하였습니다.

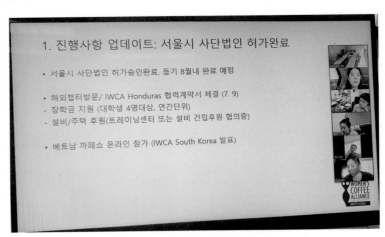

② 국내외 후원활동

1) 국내 지원/후원활동

❶ 서울시 강동여성인력개발센터와 협약체결

강동여성인력개발센터의 SCA과정을 수료하신 수강생으로 창업교육지원을 하기로 협약하였습니다. IWCA회원 중 한 분을 강사로 섭외하여 1일 4-5시간 정도 창업개요수업/실전수업을 진행하기로 하였습니다. SCA과정을 마치는 시기에 맞춰서, IWCA회원 중 인턴쉽프로그램 참여업체 모집하여 SCA수료학생들을 대상으로 인턴쉽 기회를 제공하고자 합니다.

❷ 채용연계

IWCA회원 중 강동여성인력개발센터로 구인신청을 하면 정부보조 제도 중 적합한 지원제도를 선택하여 채용연계를 하고자 합니다. 구인신청이 필요하신 회원분께서는 문의 바랍니다. (마지막 페이지 기본정보의 채용문의 참조)

2) 재단법인 기아대책 협업요청

취약계층(보호관찰청소년, 노숙자, 미혼모)의 경제적 자립이나 창업을 위한 커피교육을 진행하고 커피사업관련 전문가의 코칭커뮤니티를 운영하고자 합니다.

③ 해외 지원/후원활동

1) IWCA Honduras 학생 장학금 후원(등록금 및 생활비)

2) IWCA Vietnam 카페쇼에 패널 참가

    IWCA 해외행사 및 글로벌 커피 해외행사를 지속적으로 안내 예정이며 11월 서울 카페쇼에서 해외 챕터들을 초대하여 세미나를 진행할 예정입니다.

· 2022 연간 행사안내

일정	행사명	행사내용	참가대상	비고
3월	· Coffee Seminar 커핑행사 · IWCA 회원 커피생두 커핑		회원 회원	
4월	해외농가 후원	커피산지 농가후원(생산설비, 주택 등)		후원대상/내용 협의중
5월	커피교육 실시	서울시 여성인력센터 커피교육지원	일반인	
6월	해외챕터 방문	IWCA 해외챕터방문(생산국 위주로)	회원	비용개별부담
7월	커핑행사		회원	
8월	Coffee Seminar		회원	
9월	후원농가 방문		회원	
10월	커핑행사		회원	
11월	서울카페쇼/정기총회		회원	

· 7, 8월에 예정이었던 커핑행사와 세미나는 9월 29일에 진행

· **8월** : 25일 간담회 – 신림사무실에서 진행(줌미팅으로도 진행)

· **9월**

❶ 3일 IWCA Korea, The F.A.R.A(후성 Artisan Roaster Award) 공식 협력사 및 최고 여성 로스터 시상

❷ 29일 간담회 및 IWCA 회원 커피생두 커핑 진행
  - 과테말라 COE(Kalibus La Sierra),
  - 코스타리카 COE 2종(Finca Toño, Higueron De Finca Carrizal)

· **10월**

서울시 강동여성인력개발센터 협약 활동(10/19 여성 일자리 매칭 데이 서울시 강동여성인력개발센터)

· **11월**

서울 카페쇼 / 정기총회 - 서울카페쇼 참가 / 정기 총회 및 해외챕터 교류

· **12월**

브라질 해외챕터 및 후원 농가 방문

④ **2 article summaries**

[커피 시장의 새로운 트렌드]

소규모 커피숍과 컨셉 스토어

소규모 커피숍은 일본에서 시작되어
커피 품질에 중점을 두고 있으며
컨셉 스토어는 라틴 아메리카에서 시작
되어 고객이 커피를 마시며 다른 활동을
즐길 수 있도록 합니다.
예를 들어, 일부 컨셉 스토어는 고객이
스페셜티 커피를 즐기면서 장식품을
쇼핑할 수 있는 공간을 제공합니다.

IWCA Welcomes Kenyan Chapter

IWCA(International Women's Coffee Alliance)

케냐는 IWCA 네트워크에 가입한 최신 챕터
입니다. 이 지부는 현재 40명의 회원을 보유
하고 있으며 전략적 목표는 시장 접근 및 물류,
산업 연결 및 지식 공유 촉진, 자금 조달에
대한 접근입니다. 케냐 지부는 Josephine
Ndikwe가 이끌고 있습니다.

⑤ IWCA KOREA 기본정보

신규회원이 점차 늘어 현재 총 44명이 되었습니다. 서울시 사단법인 허가승인이 완료되었습니다. 이에 서울 사무실이 새로 오픈하였고, 전화번호도 나왔으니 자세한 문의는 전화 바랍니다.

❶ **회 원 수 :** 현재 44명
❷ **임　　원 :** 김나연(회장), 송미라(부회장), 이경선(부회장)
❸ **사 무 실 :** 서울 관악구 신림로 294, 3층 IWCA KOREA
❹ **연 락 처 :** IWCA South Korea 운영사무국 / 070-8780-4108
❺ **문　　의 :** iwca.korea.2021@gmail.com
❻ **S N S :** Instagram @iwca_korea, Facebook @iwcakorea
❼ **채용문의 :** 강동여성인력개발센터 한숙희팀장님 Tel : 02-475-0110

 **참고문헌**

· 기와기타 미노루, 설탕의 세계사, 좋은책만들기, 2003

· 마크 팬더그라스트, 매혹과 잔혹의 커피사, 을유문화사 2021

· 박창선, 커피플렉스, 백산출판사 2021

· 스콧 라오, 커피로스팅2, 커피리브레, 2016

· 신기욱, 카페실무매뉴얼, 클, 2021

· 아이비라인출판팀, 시그니처커피레시피, 아이비라인, 2019

· 안재혁 외, 에스프레소 바이블, 아이비라인, 2020

· 이용권 외, 바리스타 & 카페 창업 안내서, 시대인 2018

· 이유재, 서비스마케팅, 학현사, 2019

· 유대준·박은혜, 올 뉴(All New) 커피 인사이드, 더스칼러빈, 2021

저자 소개

김하영

- (주) 트루어스 이사
- 플로우바리스타학원 원장
- 서울여자대학교 중우중문학 졸업
- 경기대학교 대학원 석서 재학중
- 칼빈대학교 평생교육원 외래교수
- SCA 인증 트레이너(AST)
- 한국커피협회 G-ACP Associate Professor
- NCS 식음료부문 확인강사
- SCA 대회 심사위원
- 2018-2022 SCA 한국챕터 대회운영팀
- SAC 정회원
- 한국커피협회 정회원
- IWCA 정회원
- 한국인사관리학회 정회원
- 한국커피학회 정회원
- 스미스티 코리아 앰버서더
- 서강유업 앰버서더
- 세계문화신문 기자

박은숙

- 현) 연성대학교 관광과 호텔관광전공 조교수
- 일본 別府대학 別府대학원 문학연구과 일본어 일본
  문학전공(박사수료)
- 경기대학교 일반대학원 관광경영학과 졸업(관광학
  박사)
- 세명대학교 겸임, 백석대학교 겸임, 영남외국어대학
  일어통역과 전임강사 등
- 2022년 2월 25일/한번에 끝내는 일본어 첫걸음
  STEP3/ECK북스
- 2022년 2월 18일/ 비즈니스 커뮤니케이션/㈜다락원
- 2019년 7월 31일/ 관광서비스업 취업 [뽀개기] 2판/
  한올출판사
- 2019년 1월 31일/ 관광서비스업 취업뽀개기/한올출
  판사
- 2015년 2월 15일/ 커피바리스타 핵심요약정리 문제
  집/기문사

박지연

- 현) 라크드미엘 총괄점장
  장안대학교 출강
- 경기대학교 대학원 박사수료
- 카페루트 대표
- (주)에스디인터내셔날 나인블럭

이재훈

- 현) 국제커피제과직업전문학원 원장
- 경기외식직업전문학교 교육부장
- 서울현대직업전문학교 커피바리스타 직업
  훈련교사
- 탐앤탐스 운영팀 주임
- 커핀그루나루 운영팀 과장
- 까페아띠지아노 센트럴시티 매니져
- UCEI(커피통합교육원) 평가위원
- 한국식음료조리교육협회 실기심사위원
- 평생교육사, 직업훈련교사, 조주기능사, 커피바리스
  타1급
- 라떼아트마스터

김태희

- 현) 2019~ KIUF Korea International University
  in Ferghana 교수
- 경기대학교 일반대학원 관광경영학과 박사
- 경기대학교 일반대학원 관광경영학과 석사
- 건양대학교 관광경영학 / 영어영문학
- 동양대학교 강의교수
- 연성대학교 호텔관광과 겸임교수
- 청강문화산업대학교 푸드스쿨 겸임교수
- 문화관광연구학회, 한국여행학회 이사
- (주)자유투어
- (주)코스모네트 여행
- Air Macau

일주일 만에
바리스타 이해하기

초판 1쇄 발행   2023년 6월 10일

저 자   김하영·박지연·박은숙·이재훈·김태희
펴낸이   임순재
펴낸곳   (주)한올출판사
등 록   제11-403호
주 소   서울시 마포구 모래내로 83(성산동 한올빌딩 3층)
전 화   (02) 376-4298(대표)
팩 스   (02) 302-8073
홈페이지   www.hanol.co.kr
e-메일   hanol@hanol.co.kr
ISBN   979-11-6647-333-3

일주일 만에 **바리스타 이해하기**

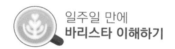

일주일 만에
바리스타 이해하기

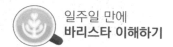

일주일 만에
바리스타 이해하기